성과를 내는 세일즈매니저는
무엇이 다른가

성과를 내는 세일즈매니저는
무엇이 다른가

최환규 지음

 21세기사

**성과를 내는 세일즈매니저는
무엇이 다른가**

초판 1쇄 인쇄   2015년 9월 1일
초판 1쇄 발행   2015년 9월 15일

지 은 이   최환규
펴 낸 이   이범만
발 행 처   **21세기사**
기   획   출판기획전문 (주)엔터스코리아
등   록   제406—00015호
주   소   경기도 파주시 산남로 72-16 ((10882))
전   화   031)942-7861 ┃ 팩스 031)942-7864
홈페이지   www.21cbook.co.kr
e-mail   21cbook@naver.com
I S B N   978-89-8468-616-8

CONTENTS

프롤로그 • 7

CHAPTER 1

세일즈매니저, 그는 누구인가?   15

세일즈맨을 성장시키는 세일즈매니저 • 17
세일즈매니저는 보석세공사다 • 21
세일즈맨의 기준과 조건을 만든다 • 24
세일즈매니저가 변해야 세일즈맨이 성장한다 • 30
세일즈매니저는 에너자이저이다 • 41

CHAPTER 2

주도적인 세일즈맨으로 성장하게 한다   53

세일즈매니저의 역량에 따라 세일즈맨의 능력이 달라진다 • 56
세일즈맨을 성장시키는 세일즈매니저의 긍정 시각 • 60
세일즈매니저의 여유가 세일즈맨을 성장시킨다 • 64
서로에 대한 신뢰가 세일즈 성과를 높인다 • 68
세일즈맨을 능동적으로 만드는 세일즈매니저의 '문제 해결 능력' • 73
'지시'를 줄이고 세일즈맨 스스로 행동하게 한다 • 77
세일즈를 즐기는 세일즈맨의 성과가 높다 • 83

CHAPTER 3

긍정적인 생각이 성과를 높인다   85

경험이나 정보의 차이가 반응을 다르게 한다 • 88
과거의 경험이 현재에 영향을 미친다 • 91
세일즈맨의 성과에 영향을 미치는 반응은? • 96
슬럼프에 빠진 세일즈맨 구하기 • 105

CHAPTER 4

세일즈맨을 격려하는 조직문화를 만든다   125

세일즈맨에 대한 세일즈매니저의 따뜻한 관심 • 127
관계는 양보다 질 • 131
세일즈매니저의 칭찬은 세일즈맨의 활력소 • 139
격려는 칭찬과 다르다 • 150
격려하는 조직문화 • 153
세일즈매니저와 세일즈맨은 파트너다 • 161

CHAPTER 5

성과 향상을 위한 태도와 대화는 따로 있다   175

신뢰와 성과를 높이는 대화법 • 179
세일즈맨의 능력과 성과를 향상시키는 질문 • 201
세일즈 성과를 높이는 효과적인 질문 • 209
효과적인 질문을 만드는 방법 • 215
성공의 습관을 만드는 질문 • 220
효과적인 피드백이 업무 성과를 높인다 • 223

CHAPTER 6

스트레스를 해소하여 업무 성과를 높인다   237

불필요한 스트레스의 원인을 파악하라 • 240
적절한 수준의 스트레스는 업무 성과를 높인다 • 245
스트레스를 일찍 발견해야 해소도 쉽다 • 247
스트레스를 해소하는 효과적인 방법 • 253
스트레스로 인한 분노에 대처하는 방법 • 260

CHAPTER 7

조직을 위한 갈등을 관리하고 예방한다   265

대결보다는 협력이 필요하다 • 268
피할 수 없으면 즐겨라 • 274
세일즈 조직에서 발생하는 갈등 • 280
갈등 해결을 위한 태도 • 289
갈등 해소를 위한 대화법 • 302
갈등 상대방을 비난하지 않는다 • 308

"회사의 생존이나 발전을 위해 가장 필요한 업무는 무엇인가?" 라는 질문에 대해 대부분의 사람들은 '제품'이나 '세일즈'라고 하지 '지원 업무'라고 대답하는 사람은 없다. 하지만 "어느 부서에 가기를 원하느냐?"고 물으면 인사나 기획과 같은 부서를 말하는 사람이 많다. "가고 싶지 않은 부서는 어디인가?"라는 질문에 "세일즈 부서"라고 말하는 사람들이 대부분이다. 사람들의 머릿속에는 세일즈가 '어렵고 힘들지만 제대로 대우를 받지 못하는 업무'로 기억되고 있다. 아마도 예로부터 내려오는 '사농공상(士農工商)'의 유산이라고 생각한다. 사람들은 세일즈가 회사에 미치는 영향에 대해서는 알고 있지만 '나만 아니면 된다'는 생각을 가지고 있다. 이처럼 세일즈는 사람들에게 기피 대상 업무로 인식되는 경우가 많다.

세일즈를 기피하는 원인 중 하나는 세일즈에 대한 '인식 부족'이다. 세일즈 성과는 '머리'가 아니라 '발'이 결정한다고 생각하는 경영자나 세일즈매니저들이 생각보다 많다. 과거 고객이 제품에 대한 정보를 제대로 알지 못하던 시절에는 누가 먼저 고객에게 접근하느냐에 따라 세일즈 성과가 결정되었다. 이 시절에는 제품 구성이 단순해 누구나 세일즈를 할 수 있었다. 지적 능력이 그다지 중요하지 않았기에 많은 사람들이 세일즈를 지원했고 부작용도 많았다. 초창기 세일즈맨의 좋지 못한 이미지가 지금까지 사람들의 머릿속에 남아 세일즈에 부정적인 영향을 미치고 있다.

세일즈맨이 발로 뛰던 시절 세일즈매니저의 역할은 세일즈맨에 대한 '강요'였다. 세일즈 성과는 고객을 만나는 횟수에 비례한다고 생각했기에 성과에 대한 강요가 매출을 올리는 효과적인 방법이 되었다. 회사는 매출 목표를 정하고 세일즈매니저에게 일방적으로 할당하면 세일즈매니저는 세일즈맨에게 다시 목표를 할당하고 달성을 강요하는 방법이 일반적인 모습이었다. 이렇게 자신의 뜻과 상관없이 목표를 부여받은 세일즈맨은 '자신의 목표를 달성'하기 위해 고객에게 구매를 강요하는 악순환이 반복되었다. 하지만 고객이 인터넷을 통해 제품 정보를 자세하게 알게 되면서 과거의 세일즈 형태로는 더 이상 경쟁에서 이길 수 없게 되었다.

정보가 넘쳐나고, 제품의 기능이 복잡해지는 오늘날 세일즈맨의 '머리'가 '발'보다 더 중요한 역할을 하게 되었다. 세일즈맨이 고객의 니즈를 탐색하고 고객에게 적합한 제품을 추천하기 위해서는 고객과 제품에 대한 정보 모두를 제대로 알아야 한다. 세일즈맨의 수가 아니라 세일즈맨의 능력이 조직의 성과에 영향을 미치는 시절이 된 것이다.

세일즈매니저의 목표 달성을 위해서는 능력 있는 세일즈맨의 확보가 중요하게 되었다. 과거의 세일즈는 전문성이 부족한 사람도 쉽게 할 수 있어 인력 확보가 상대적으로 쉬웠지만 지금은 전문성이 필요하게 되면서 인력 확보가 점점 어려워지고 있다. 특히 역량이 뛰어난 세일즈맨의 확보가 점점 어려워지면서 세일즈맨의 역량 향상이 세일즈매니저의 중요한 역할이 되고 있다.

세일즈매니저가 자신의 역할을 성공적으로 수행하기 위해서는 조직의 세 가지 구성 요소를 이해해야 한다. 조직은 사람, 관계 그리고 성과의 세 가지로 구성되어 있다.

세일즈매니저의 첫 번째 역할은 세일즈맨을 '똑똑한 사람'으로 육성하는 것이다. 세일즈맨이 목표를 달성하기 위해서는 세일즈와 관련된 역량이 필요하다. 세일즈에 필요한 지식을 갖춘 세일즈맨은 '똑똑한 사람'이다. 똑똑한 사람들이 시너지 효과를 내기 위해서는 서로에게 도움이 되는 조직이어야 한다. 똑똑한 사람들이 서로에게 부정적인 영향을 미치게 되면 그 조직은 다른 조직보다 더 큰 문제가 발생할 수 있다.

세일즈매니저의 두 번째 역할은 세일즈맨을 '건강한 사람'으로 육성하는 것이다. 세일즈맨의 성과는 '사람과의 관계'에 의해 좌우된다. 아무리 똑똑한 세일즈맨이라도 건강한 관계를 형성하지 못하면 갈등과 스트레스로 세일즈를 할 수 없게 된다. 고객이나 동료들과 부정적인 관계를 맺는 사람은 조직에 악영향을 미치게 된다. 조직을 발전시키기 위해서는 세일즈매니저와 세일즈맨이 서로에게 도움을 주는 건강한 관계를 만들 필요가 있다.

세일즈매니저의 세 번째 역할은 '성과'를 내는 것이다. 똑똑한 세일즈맨이 고객이나 동료와 건강한 관계를 유지할 경우 세일즈매니저는 어렵지 않게 목표를 달성할 수 있다. 하지만 세일즈매니저가 성과에만 집중하게 되면 세일즈매니저의 눈에는 세일즈맨이 '목표 달성에 필요한 수단'으로 보이게 된다. 세일즈매니저는 세일즈맨을 '자신의 목표 달성에 도움이 되는 정도'로 평가하게 되므로 도움이 되지 않는다고 판단되면 세일즈맨을 강하게 압박하면서 실적을 강요하게 된다. 이런 방법은 많은 부작용을 낳게 되고 세일즈매니저에게 부정적인 영향을 미칠 수도 있다.

세일즈매니저가 세일즈맨을 대하는 태도는 고객에게 그대로 전해진다. 세일즈매니저가 세일즈맨에게 실적만을 강요하면 세일즈맨은 실적에 대한 압박감에서 벗어나기 위해 고객에게 계약을 강요하게 된다. 이런 세일즈맨을 고객이 좋아할 리가 없다. 고객의 마음을 열지 못한 세일즈맨을 기다리는 것은 세일즈매니저의 차가운 눈빛이다. 이런 대우를 받으면서 세일즈를 해야 할 이유가 없기 때문에 세일즈에 대한 선호도는 시간이 지날수록 떨어지게 된다.

세일즈매니저는 '성과 향상'이라는 분명한 목적이 있다. 하지만 대부분의 세일즈매니저는 글자 그대로 '매니저' 역할에 그치고 있다. "무엇을 관리합니까?"라는 질문에 대해 대부분의 세일즈매니저는 "세일즈맨"이라고 대답한다. 세일즈매니저가 세일즈맨을 관리한다는 것은 현실적으로 불가능하다. 세일즈매니저가 세일즈맨을 24시간 따라다니지 않는 한 관리할 수 있는 것은 세일즈맨의 실적이나 세일즈맨의 활동 결과일 뿐 그 외에는 아무것도 없다.

세일즈매니저는 세일즈맨을 관리하는 사람이 아니라 세일즈맨이 목표한 성과를 달성할 수 있도록 도와주는 '도우미'여야 한다. 세일즈맨의 역량이 향상되면 세일즈매니저의 목표 달성은 수월해지고 리더로서의 역량을 인정받을 수 있게 된다. 이를 위해 세일즈매니저는 '나는 관리자'라는 생각을 가장 먼저 버려야 한다.

세일즈매니저가 세일즈맨의 실적향상을 돕기 위해서는 눈에 보이는 것이 아니라 보이지 않는 부분에 관심을 두어야 한다. 튼실한 과실은 비옥한 토양에서 나오는 것처럼 세일즈 성과도 마찬가지이다. 활기찬 분위기의 조직에서 세일즈맨이 높은 성과를 낼 가능성이 많다.

세일즈매니저는 세일즈맨이 열심히 일하도록 돕는 사람이다. 세일즈매니저가 세일즈맨을 부정적으로 대한다면 세일즈맨은 고객을 만나기 전에 소진된다. 이런 세일즈맨에게 성과를 기대하기란 우물에서 숭늉을 찾는 것과 같다. 세일즈맨은 칭찬과 격려를 먹으면서 성장한다. 세일즈매니저는 세일즈맨에게 긍정의 에너지를 불어넣어주는 사람이어야 한다.

긍정의 조직은 갈등과 스트레스로부터 자유롭다. 세일즈 조직은 금전적인 이해관계로 만들어진 집단이므로 작은 이해관계로 인해 세일즈맨은 갈등을 경험하게 된다. 갈등은 혼자가 아니라 항상 스트레스와 함께 한다. 세일즈매니저가 자신의 역할을 제대로 수행하기 위해서는 세일즈맨의 갈등과 스트레스뿐만 아니라 자신의 스트레스도 함께 다스릴 수 있어야 한다.

세일즈는 종합 예술이다. 세일즈는 아무나 시작할 수 있지만 아무나 잘 할 수는 없다. 농사를 짓는데 기계나 비료의 도움을 받을 수는 있어도 농부를 대신할 수는 없다. 봄과 여름에 쏟은 농부의 땀에 비례해 가을의 수확량이 결정된다. 세일즈매니저도 세일즈맨을 위해 노력한 만큼 그 대가를 얻을 수 있다.

이 책은 세일즈매니저가 조직의 성과를 내는데 필요한 내용으로 구성되었다. 하지만 책의 내용보다 더 중요한 것은 세일즈맨을 따뜻하게 대하는 세일즈매니저의 태도이다. '세일즈매니저의 따뜻한 시선'이 세일즈맨을 성장시키는 가장 좋은 비법이라는 사실을 세일즈매니저는 명심할 필요가 있다.

CHAPTER 1

세일즈매니저,
그는 누구인가?

새로운 업무를 시작하는 사람들은 누구나 '설레는 마음'을 느끼게 된다. '이번 부서에서는 나의 진짜 능력을 보여줄 거야.'와 같은 결심을 하면서 새로운 업무의 문을 열게 된다. 기대에 찬 눈으로 자신을 바라보는 세일즈맨을 보면서 '내 능력을 최대한 발휘해 이 조직을 최고의 조직으로 만들겠다.'와 같은 목표를 세운다.

시간이 지나면서 자신의 목표를 달성하는 세일즈매니저도 있지만 그렇지 못한 세일즈매니저도 있다. 자신과 함께 일하는 세일즈맨들을 보면서 '저 사람들 덕분에 조직이 발전하고 있다.'라고 생각하는 세일즈매니저도 있지만 '왜 하필이면 이런 사람들과 함께 일하게 되었을까?'와 같은 부정적인 생각을 하면서 실적부진을 세일즈맨 탓으로 돌리는 사람도 있다.

부정적인 태도의 세일즈매니저와 함께 하는 세일즈맨 또한 괴롭기는 마찬가지이다. 세일즈맨은 세일즈매니저의 얼굴을 보기만 해도 일할 맛이 사라진다. 이처럼 세일즈매니저의 태도는 세일즈맨의 실적에 직접적인 영향을 준다.

1

세일즈맨을 성장시키는 세일즈매니저

세일즈매니저의 역할은 세일즈맨의 능력을 향상시키고, 세일즈 성과를 높여 회사의 발전에 기여하는 것이다. 이런 결과를 만들기 위해서는 세일즈매니저는 자신의 역할에 대한 명확한 인식이 필요하다.

세일즈매니저로 임명되는 순간 가슴에는 뜨거운 열정이 솟아오른다. 하지만 시간이 지나면서 가슴에 품었던 열정은 점점 차가워져 '저런 세일즈매니저는 되지 말아야지.'라고 결심했던 바로 그 모습으로 변해간다. 또한 '자신의 목표를 제대로 달성하지 못하는 세일즈맨이 문제야.'와 같이 조직의 실적부진을 세일즈맨 탓으로 돌리면서 자신을 합리화시키기도 한다.

누구나 세일즈 조직을 이끌 수는 있지만 건강한 조직을 만들고 세일즈맨을 성장시켜 성과를 내기란 쉽지 않다. 유능한 세일즈매니저가 되기 위해서는 많은 노력이 필요하다. 이런 이유로 자신의 노력 대신 '다른 사람이 만들어 놓은 좋은 조직'을 물려받거나 '다른 사람이 육성한 유능한 세일즈맨을 스카우트'해 실적을 높이려는 세일즈매니저도 있다. 이런 세일즈매니저들이 많을수록 그 조직은 성장을 멈추고 쇠퇴하게 된다.

'사람은 자신이 믿는 대로 행동한다.'는 말이 있다. 사람의 행동은 그 사람이 어떤 생각을 하느냐에 따라 결정된다는 의미이다. 세일즈매니저가 자신의 역할에 대해 긍정적으로 생각하면 함께 일하는 세일즈맨이나 세일즈 환경에 대해 긍정적인 태도를 보이게 된다. 뿐만 아니라 자신의 역할에 대해 긍정적으로 인식하려고 노력하면 그 노력의 열매는 온전하게 세일즈매니저에게 돌아간다. 이런 결과를 얻기 위해 '나는 내 역할을 잘 수행할 수 있다'고 믿으면서 '나는 조직을 성장시킬 수 있다'는 자신감을 갖는 것이 가장 중요하다.

세일즈매니저는 세일즈맨에게도 자신의 역할에 대해 명확하게 인식시켜야 한다. 세일즈는 누구나 할 수 있지만 아무나 해서는 안 되며, 아무나 할 수 없는 일이기도 하다. 돈을 목적으로 세일즈를 선택한 사람은 고객을 돈벌이 수단으로 여기게 된다.

돈이 목적인 세일즈맨은 자신에게 이익이 된다고 판단되는 고객에게는 제대로 서비스를 제공하겠지만 그렇지 않은 고객에게는 건성으로 대하게 된다. 이런 태도가 고객으로부터 신뢰를 잃는 원인이 된다.

세일즈맨의 행동은 역할 설정에 따라 달라진다. 세일즈맨이 자신의 역할을 '물건을 판매하는 사람'이라고 정하면 이 사람은 '물건을 파는 것'에만 집중하게 된다. 제품을 판매하기 위해 수단과 방법을 가리지 않게 된다. 고객은 자신의 목적을 달성하는 '도구'일 뿐 '고객과 함께 한다' 혹은 '고객을 위해 일한다'는 생각은 하지 못하게 된다. 이런 세일즈맨은 실적에 따라 웃고 울게 된다.

높은 실적이 유지되면 세일즈를 계속하겠지만 실적이 떨어질 경우 세일즈를 그만둘 가능성이 높다.

이와 반대로 세일즈맨이 자신의 역할을 '고객의 파트너'라고 정하면 제품을 판매하건 그렇지 못하건 고객에게 도움이 되는 활동을 하게 된다. 세일즈 성과보다는 '고객에게 준 도움' 그 자체를 보상으로 여기면서 더욱 열심히 고객을 만나게 된다. 세일즈맨이 고객과 함께 하고 고객을 위해 활동을 하게 되면 성취감을 맛볼 수 있는 기회도 늘어나고, 성과도 당연히 향상된다. 이렇게 성장하는 세일즈맨의 모습을 보는 세일즈매니저 또한 뜨거운 열정과 함께 성취감을 느낄 수 있다.

세일즈매니저는 세일즈맨과 함께 성장한다. 세일즈매니저가 자신의 역할을 명확하게 정하고, 세일즈맨도 자신의 역할에 대해 인식할 수 있도록 만들면 함께 성장할 가능성이 높아진다.

아래의 질문은 세일즈매니저로 성공하기 위해 필요한 자기인식, 신념과 가치관, 능력, 행동과 환경에 관련한 질문이다.

각 영역에 해당되는 질문에 대해 순서대로 답하면서 수시로 자신을 점검해나가야 한다.

1. 자기 인식
   - 나는 어떤 세일즈매니저가 되기를 원하는가?
   - 세일즈맨에게 도움이 되는 나의 역할은 무엇인가?

2. 신념과 가치관
   - 세일즈매니저로서 내가 중요하다고 믿고 있는 것은 무엇인가?
   - 세일즈 조직에서 중요하게 생각하는 가치는 무엇인가?
   - 세일즈매니저로서 과거로부터 영향을 받고 있는 믿음은 무엇인가?

3. 능력
   - 내가 세일즈맨을 돕기 위해 발휘할 수 있는 능력은 무엇인가?
   - 세일즈맨을 위해 나에게 필요한 지식과 내가 개발해야 하는 재능은 무엇인가?
   - 세일즈매니저로서 지금 가지고 있는 재능 중 더 많이 활용하고 싶은 것은 무엇인가?
   - 세일즈매니저로서 새롭게 배우거나 활용하고 싶은 것은 무엇인가?

4. 행동
   - 세일즈매니저로서 나는 무엇을 목표로 행동하는가?
   - 세일즈매니저로서 변화하고 싶은 행동은 무엇인가?
   - 세일즈맨을 위해 내가 할 수 있는 행동은 무엇인가?

5. 환경
   - 지금 세일즈 환경은 어떤가?
   - 세일즈매니저로서 나는 어떤 시대에 살고 있는가?
   - 세일즈매니저로서 나는 누구와 함께 하는가?
   - 나의 고객은 누구인가?

2

세일즈매니저는 보석세공사다

"도대체 쓸 만한 사람이 없어."

"제대로 된 한 사람만 있어도 목표 달성이 되는 건데……."

세일즈매니저와 같은 조직의 리더가 자주 사용하는 말이다.

특히 실적이 부진한 세일즈매니저가 자신의 답답한 마음을 표현할 때 사용하는 말이기도 하다. 세일즈매니저의 이런 표현 속에는 '세일즈맨의 능력 부족 때문에 목표를 달성하지 못하고 있다.'는 생각이 담겨 있다.

'쓸 만한 사람이 없다'는 말에는 세일즈맨의 역량이 부족해 세일즈매니저가 자신의 능력을 제대로 발휘하지 못한다는 의미가 포함되어 있다. 세일즈매니저가 실적 부진의 원인을 세일즈맨 탓으로 돌리게 되면 실적 향상을 위해 세일즈매니저가 할 수 있는 방법은 아무것도 없다. 세일즈매니저는 세일즈맨의 능력이 저절로 향상되기를 기다리면서 조직의 운명을 하늘에 맡길 뿐이다.

화려한 보석도 처음부터 빛나지는 않았다. 모든 보석들은 가공

되지 않은 채 원석으로 발견된다. 세일즈매니저의 주변에는 가공해주기를 기다리는 수많은 원석들이 널려있다. 능력 있는 세일즈매니저와 그렇지 못한 세일즈매니저의 차이는 '원석을 찾을 수 있는 능력'과 '원석을 가공할 수 있는 능력'에 달려있다.

조직으로부터 능력을 인정받고 있는 대부분의 세일즈맨은 처음부터 뛰어난 능력을 발휘한 것은 아니다. 이런 세일즈맨의 주변에는 세일즈맨의 숨어 있는 능력을 파악하고, 능력을 발휘할 수 있도록 도와준 세일즈매니저가 있다. 세일즈매니저에게는 세일즈맨을 '유능한 세일즈맨으로 양성할 수 있는 능력'이 필요하다.

세일즈매니저가 "쓸 만한 사람이 없다."고 주변 사람들에게 말하는 순간에도 세일즈매니저의 주변에는 원석들이 널려있다.

다만 세일즈매니저에게 원석을 볼 수 있는 안목이 없을 뿐이다.

세일즈매니저에게 육성 능력이 필요한 또 다른 이유는 세일즈맨이 될 수 있는 사람의 수가 한정되어 있기 때문이다. 세일즈매니저는 모든 사람들을 대할 때 '지금 눈앞에 있는 사람이 내가 세일즈맨으로 육성할 수 있는 마지막 사람이다.'라는 생각을 가지고 그들을 아끼고 존중할 필요가 있다. 세일즈매니저 중에는 '이런 사람은 없어도 괜찮아.' 혹은 '할 사람이 얼마나 많은데……'라고 생각하면서 세일즈맨을 함부로 대하는 사람이 있다.

이런 세일즈매니저는 회사에 도움을 주기보다는 손해를 끼칠 가능성이 많다.

세일즈매니저의 안목은 회사의 생존과도 연결된다. 만약 자신이 버린 원석을 다른 사람이 주워 가공해 값비싼 보석으로 만들었다면 어떻게 될까? 자신은 보석을 만들 기회를 잃어서 손해, 다른 사람은 보석을 주워 이익이 되었기에 손해는 배가 된다. 보석이라면 이 정도의 손해로 그치겠지만 사람이라면 '저 회사가 나를 버렸지. 그래 그게 얼마나 손해인지 내가 똑똑히 보여주겠어!'라는 생각으로 더 열심히 일하면서 자신을 버린 회사에 복수 아닌 복수를 하는 사람도 있다. 야구나 축구 선수 중 자신을 트레이드 시킨 팀을 상대로 더 열심히 하는 경우와 같다. 세일즈매니저는 자신의 안목에 따라 회사에 치명적인 영향을 미칠 수 있다는 사실을 명심해야 한다.

같은 광산에서 나온 모든 돌을 보석으로 가공할 수 없는 것처럼 모든 사람이 세일즈맨이 될 수는 없다. 광산에서 보석이 들어 있는 원석을 찾는 것이나 잠재능력이 있는 세일즈맨을 만나는 것은 확률 게임이다. 처음 본 돌이 보석을 가득 담은 원석일 수도 있지만 그런 행운은 어쩌다 한 번 오는 것이지 계속되는 것이 아니다. 이런 행운만을 생각하면 원석을 찾으려는 노력을 게을리 하게 된다. '하나만 제대로 걸리면……'이라는 생각은 암세포와 같아 시간이 지날수록 조직을 망가뜨리는 원인이 된다. 세일즈매니저는 요행을 바라지 말고 지금이라도 주변에 있는 세일즈맨이라는 원석을 찾는 노력을 시작해야 한다.

3

세일즈맨의 기준과 조건을 만든다

"어떤 사람과 함께 일하고 싶으세요?"

이 질문에 대해 사람들은 '성과가 높은 사람', '인간관계가 원만한 사람' 혹은 '자신을 희생할 줄 아는 사람' 등과 같은 다양한 대답을 한다. 이런 말에는 자신이 선호하는 사람에 대한 기준이 들어있다. '말이 많은 사람'으로 인해 고생한 사람은 '과묵한 사람'을 선호하게 되고, '진실하지 못한 사람'으로 인해 피해를 받았던 사람은 '진실한 사람'인가에 가장 먼저 초점을 맞추게 된다.

세일즈매니저가 세일즈맨을 선택할 때 과거의 영향을 받을 수 있다. 눈앞에 있는 사람이 '과거의 그 사람'이 아닌 경우 과거의 경험은 선택의 폭을 좁게 만들 수 있다. 이것은 보석이 될 수도 있는 원석을 그대로 버리는 것과 같다. 따라서 세일즈매니저는 사람을 채용할 때 자신의 편견을 내려놓고 사람을 만날 필요가 있다.

세일즈매니저가 사람을 뽑을 때 가장 먼저 고려해야 하는 기준은 '세일즈맨으로서의 능력'이다. 앞에서 세일즈매니저의 역할이 원석을 찾고, 잘 가공해 가치를 높여야 하는 사람이라고 설명한 것처럼 세일즈매니저에게는 사람을 보는 안목과 육성하는 능력이 필요하다. 더군다나 지금처럼 세일즈맨이 되려는 사람이 부족한 상황이라면 세일즈맨을 성장시킬 수 있는 능력이 세일즈매니저에게 더 중요할 수 있다. 그 이유는 원석을 가지고 만들 수 있는 보석의 크기는 정해져 있지만 사람의 성장에는 한계가 정해져 있지 않기 때문이다.

'세일즈맨으로서의 능력'에 덧붙여 고려해야 하는 또 다른 기준은 '고객에게 도움이 되는 사람인가?'이다. 고객에게 도움이 되기 위해서는 상품 지식도 중요하지만 상도덕을 지키면서 세일즈를 하는 것이 중요하다. 도덕적으로 문제가 있어 고객의 신뢰를 잃게 되면 그 고객과의 거래에 그치지 않고 회사와 다른 세일즈맨에게도 부정적인 영향을 미치게 된다.

조직에서 가장 중요한 것은 '사람'이다. 어떤 사람을 선택하느냐에 따라 그 조직이 망할 수도 흥할 수도 있다. 세일즈매니저는 사람을 뽑기 전에 '조직에 필요한 사람'의 기준을 명확하게 할 필요가 있다. 세일즈매니저가 세일즈맨이 되려는 사람의 수에 따라 기준을 달리 적용하면 문제가 될 수 있다.

특히 채용에 따른 보상이 걸려있다면 추천한 사람 모두가 채용되기를 바란다. 기준을 엄격하게 적용해 탈락시키기라도 하면 "지난 번 채용된 사람과 조건이 비슷한데 탈락시킨 이유가 뭐냐?"

"채용의 기준이 뭐냐?"와 같은 항의를 받기 쉽다. 이런 일이 반복되면 세일즈매니저는 신뢰를 잃게 되면서 조직 운영에 어려움을 겪게 된다.

더 큰 문제는 세일즈맨들이 자신의 지인을 세일즈맨으로 추천하기 꺼린다는 것이다. '내가 데려와도 채용된다는 보장도 없는데 뭣 하러 추천해?' 혹은 '결과가 좋지 못하면 괜히 관계만 악화될 텐데……'와 같은 생각을 하면서 소극적으로 행동하게 된다.

세일즈매니저는 이런 문제를 예방하기 위해 사람을 뽑을 때 엄격하지만 분명한 기준을 만들어 모든 사람들에게 알려줄 필요가 있다. 이렇게 하면 일시적으로는 조건을 충족시키는 사람을 만나기 어려울 수 있지만 장기적으로는 회사와 조직에 분명히 도움이 된다.

■ 조직에 도움이 되는 건강한 사람

세일즈맨의 숫자가 많으면 목표 달성에 도움이 된다고 생각하는 사람이 많다. 세일즈맨의 수가 많으면 목표를 달성하는데 유리하지만 항상 그런 것은 아니다. 많은 사람은 실적에 도움이 되기도 하지만 조직의 분위기를 해치고 갈등을 만들어 오히려 조직을 망가지게 만드는 원인이 될 수도 있다.

세일즈 성과가 세일즈맨의 수에 비례하기 위해서는 세일즈맨이 '정신적으로 건강한 사람'이어야 한다. 서로의 성장을 위해 협력하는 정신적으로 건강한 사람이 많을수록 조직의 성장에 도움이 된다. 문제는 정신적으로 건강하지 못한 사람이 함께 할 경우이다. 건강하지 못한 사람은 암세포와 같은 역할을 하면서 조직을 병들어 죽게 만든다.

'동일한 제품은 동일한 가격에 판매해야 한다'가 회사의 정책이라고 하자. 실적 채우기에 급급한 세일즈맨은 '가격 할인'이라는 유혹을 받게 된다. 한 사람이라도 가격을 할인하게 되면 가격 정책에 대한 회사의 신뢰는 급격하게 떨어지게 된다. 마찬가지로 열심히 활동하려는 세일즈맨에게 "세일즈매니저에게 잘 보이고 싶어?" 혹은 "누가 알아준다고 그렇게 열심히 해?"와 같은 말로 의욕을 떨어뜨리는 사람 또한 조직에 도움이 되지 않는다.

대부분의 회사에서는 이런 세일즈맨을 방지하기 위해 '세일즈맨의 행동 수칙'과 같은 것을 만들어 운영하고 있다. 공들여서 만든 행동 수칙의 효과를 높이기 위해서는 누구에게나 동일한 잣대로 적용해야 한다. 고객에게 잘못된 정보를 제공해 문제를 일으킨 두 명의 세일즈맨이 있는데 한 사람은 그 조직에서 실적이 가장 우수하고, 다른 사람은 실적이 저조하다. 어떻게 처리하겠는가? 만약 이 두 사람을 다른 잣대로 대한다면 '실적이 좋으면 어떤 행동을 하더라도 용납된다'는 부정적인 인식을 세일즈맨들에게 심어줄 수 있다. 이런 부작용을 막기 위해 어떤 경우에도 동일한 기준을 적용해야 한다.

행동 기준을 만들고 엄격하게 적용해야 하는 또 다른 이유는 세일즈맨의 잘못된 행동이 조직에 전염되는 것을 방지하기 위함이다. 회사에서는 세일즈맨에게 '고객과의 만남'을 강조한다.

하지만 멀리 떨어져 있는 고객을 직접 방문하기란 쉽지 않다.

일부 세일즈맨은 고객과의 만남 대신 전화통화로 대신하는 경우도 있다. 처음에는 이런 편법을 꺼려하지만 한 번 경험하면 달콤함에 취해 자주 사용하게 된다. 편법은 전염병처럼 주변에 금방 퍼지게 된다. 자신만이 아니라 주변 사람들에게도 편법 사용을 권유한다.

편법 사용을 거부하는 사람을 다양한 방법으로 괴롭혀 세일즈를 그만두게 만드는 경우도 있다. 쇠약해진 건강을 찾기 위해 많은 노력이 필요하듯이 편법이 만연한 조직을 정상적인 조직으로 만들기 위해서는 많은 시간과 노력을 필요로 한다. 이런 수고를 덜기 위해서라도 윤리적으로 건강한 조직을 만들 필요가 있다.

세일즈맨에게 원칙대로 적용하기 위해서는 세일즈매니저의 역량이 중요하다. 세일즈매니저가 세일즈맨을 육성할 능력이 없으면 세일즈 실적이 잣대가 될 수밖에 없다.

'언 발에 오줌 누기'라는 속담처럼 세일즈맨을 성급하게 뽑았다가 고생한 세일즈매니저가 의외로 많다. 이런 부작용을 방지하기 위해서는 세일즈매니저의 결단과 용기가 필요하다. 채용 기준을 엄격하게 하면 일시적인 어려움은 있겠지만 장기적으로 조직의 발전에 긍정적인 결과를 가져온다.

도덕적으로 건강한 사람은 자신의 지식을 다른 사람들과 나누면서 함께 성장하기를 원하고, 다른 사람의 성공에 질투보다는 격려를 보내면서 조직 분위기를 건강하게 만든다. 또한 조직에 새로 들어오는 사람은 건강한 사람들의 영향을 받아 조직 적응과 세일즈맨으로서의 발전이 수월해 리쿠르팅에도 도움이 된다.

농부는 힘든 퇴비 대신 간편한 화학비료를 사용할 수도 있다. 화학비료를 사용하면 처음에는 힘도 덜 들고 열매도 잘 맺어 탁월한 선택인 것처럼 보이지만 시간이 지날수록 벌레도 많이 생기고, 열매도 부실해진다. 화학비료의 사용으로 인해 망가진 땅을 다시 회복시키기 위해서는 더 많은 노력이 필요하다.

농사에서 튼실한 열매를 얻기 위해 땅에 퇴비와 같은 양분을 충분히 공급해 토양을 건강하게 만든 다음 씨를 뿌려야 한다.

씨를 뿌리는 것으로 그치지 않고 수시로 잡초를 제거해야 튼실한 열매를 얻을 수 있다. 튼실한 열매는 농부가 흘린 땀방울의 결실이다.

세일즈 조직도 마찬가지이다. 높은 실적은 건강한 사람들로 구성된 조직에서 흘린 땀의 결과이다. 세일즈매니저가 실적에만 관심을 기울이게 되면 조직이라는 토양은 서서히 나빠지고, 그 위에서 일하는 세일즈맨들은 도덕적으로 병들어가게 된다.

따라서 세일즈매니저는 '실적'이 아니라 '건강한 세일즈맨'에 관심을 둘 때 더 큰 성과를 낼 수 있다.

4

세일즈매니저가 변해야 세일즈맨이 성장한다

1) 세일즈매니저의 세계관

사람은 자신의 성장환경, 경험, 교육, 성격과 종교 등에 따라 사물을 바라보는 자신만의 방법이나 가치관을 가지고 살아가고 있다. 자신의 삶을 영위하기 위해 필요한 가이드라인과 같은 것을 '세계관'이라고 한다. 세계관은 '자신만의 현실인식 방법'을 뜻하는데, 자신에게는 '당연한 것' 혹은 '상식'이라고 할 수 있다.

이와 관련된 표현으로는 '○○하는 것은 당연하다', '△△하는 것은 상식이다' 혹은 '보통은 ◇◇한다' 등이 대표적이다.

지금 빈 종이에 세일즈맨에 대한 자신의 머릿속에 있는 생각을 적어보자.

"세일즈맨은 ~~해야 한다."

세일즈매니저는 자신만의 세계관을 가지고 있다. '세일즈맨은 성실해야 한다.', '세일즈맨은 고객의 모든 요구를 수용해야 한다.' 혹은 '실적이 뛰어난 사람이 회사에 기여하는 사람이다.'와 같은 생각이 세일즈매니저의 세계관이다.

세일즈매니저는 업무를 시작하는 순간부터 자신만의 세계관이 형성된다. '세일즈맨은 말을 잘해야 한다.'는 세계관을 가진 세일즈매니저가 있다. 이런 세계관을 가진 세일즈매니저가 '말이 어눌한 세일즈맨'을 만났을 때 무슨 생각을 하겠는가? 아마도 '이렇게 말을 못해 고객을 어떻게 설득을 할 수 있을까?'와 같은 부정적인 생각을 하게 될 것이다.

세일즈매니저의 세계관은 존중받아야 하지만 세일즈맨과의 관계에서는 장애물로 작용할 가능성이 높다. 세일즈맨에게 많은 영향을 주고 있고 세일즈맨의 역할 모델인 세일즈매니저라면 이런 부분을 심각하게 인식해야 한다. '내가 하는 말이나 행동이 세일즈맨에게 어떤 영향을 미칠까?'와 같은 질문을 먼저 한 다음 '고객에게는 어떤 영향을 미칠까?'라는 질문에 대한 답을 찾을 필요가 있다.

세일즈매니저는 자신만의 세계관을 내려놓을 필요가 있다.

세일즈매니저가 자신의 세계관을 내려놓을수록 세일즈맨의 다른 모습이 눈에 들어오기 시작한다. 다른 사람에 비해 실적은 떨어지지만 동료를 위해 봉사하는 사람, 자신의 정보를 다른 사람과 공유하는 세일즈맨, 동료를 잘 공감하는 세일즈맨 등 다양한 모습을 발견할 수 있다.

세일즈매니저의 역할은 세일즈맨의 장점을 발견한 순간부터 시작된다. 세일즈매니저는 세일즈맨이 자신의 장점을 세일즈 성과와 연결할 수 있도록 도와주어야 한다. 동료를 위해 봉사하는 사람은 고객을 위해서도 봉사할 수 있는 방법을 찾을 수 있다.

세일즈맨이 '나는 고객에게 봉사하는 세일즈맨이다'라고 자신의 역할을 정하고 고객에게 봉사하면서 실적을 향상시키는 방법을 찾아 실천하면 된다. 자신을 위해 헌신하고 봉사하는 세일즈맨을 기피하는 고객은 없다. 고객은 자신을 위해 노력하는 세일즈맨을 신뢰하게 되고, 세일즈맨이 요청하지 않더라도 자신의 지인에게 세일즈맨을 자발적으로 소개하기도 한다. 이런 선순환이 반복되면 세일즈 성과는 저절로 향상된다.

세일즈매니저의 또 다른 역할은 세일즈맨의 역량 향상이다.

대부분의 세일즈매니저는 세일즈맨의 '강점 강화'보다는 '약점 보완'을 강조한다. 하지만 아무리 노력을 하더라도 약점을 강점처럼 만들기는 어렵다. 강점을 강화해 약점을 보완하는 방법이 훨씬 효과적이다. 예를 들어 지인은 많지만 상품 설명이 서투른 세일즈맨이 있다. 상품 설명에 강점이 있는 세일즈맨과 한 팀으로 움직이게 하면 단점이 보완될 수 있다.

이런 방법을 사용하면 조직 전체의 실적이 향상될 뿐만 아니라 세일즈맨에게도 도움이 된다. 세일즈맨은 자신의 능력에 대한 확신이 생기면서 자신감으로 연결될 수 있다. '나의 이런 능력이 세일즈에 도움이 되는 구나'라는 생각은 자신감을 높이게 되고, 자신감이 높은 사람은 자신의 능력을 발휘할 기회를 만들면서 더 많은 성공을 경험하게 된다.

세일즈매니저가 세일즈맨을 성장시키기 위해서는 세일즈맨의 '자기효능감'을 높여야 한다. 자기효능감은 특정한 문제를 자신의 능력으로 성공적으로 해결할 수 있다는 자기 자신에 대한 신념이나 기대감이다. 자기효능감이 높은 세일즈맨은 자신의 능력을 세일즈 성과와 연결할 수 있다. 세일즈맨의 자기효능감은 세일즈매니저의 '간섭'이 아니라 '존중'에서 시작된다. 세일즈매니저가 자신의 세계관을 내려놓고 세일즈맨을 대하는 순간 세일즈맨의 긍정적인 모습을 발견할 수 있다.

2) 세일즈매니저의 '조급함'

세일즈매니저가 세일즈맨을 성장시키기 위해서는 세일즈맨과의 '소통'이 절대적으로 중요하다. 세일즈매니저와 세일즈맨의 소통을 가로막는 주된 이유는 세일즈매니저의 '조급함'이다. 매순간 회사로부터 실적에 대한 압박을 받고 있는 세일즈매니저는 세일즈맨의 성장을 기다려줄 여유가 없다. 세일즈매니저는 세일즈맨이 세일즈를 시작한 바로 다음 날부터 실적을 챙기기 시작한다. 세일즈맨의 실적이 자신의 기대에 미치지 못하면 세일즈맨에게 압박을 가하기 시작한다. 세일즈매니저의 이런 태도는 세일즈맨이 자신의 장점을 발견하고 활용할 기회를 가질 수 없게 만든다. 세일즈매니저는 자신이 세일즈맨에게 하는 강요가 '세일즈맨의 성장을 방해하는 장애물'이라는 사실을 인식할 필요가 있다.

3) 세일즈매니저의 '화'

세일즈매니저가 성과 향상을 위해 사용하는 방법 중 하나가 '화를 내는 것'이다. 세일즈매니저가 화를 내면 세일즈맨은 '저를 위해 화를 내 주셔서 감사합니다.'와 같은 긍정적인 생각보다는 '저 인간 또 지랄이네.'와 같은 부정적인 생각을 하게 된다.

이런 부정적인 생각은 세일즈맨의 마음속에 '저 사람은 나를 괴롭히는 사람이다.'라는 부정적인 인식을 심어주게 되면서 두 사람 사이의 심리적인 거리가 멀어지게 된다.

세일즈매니저와 세일즈맨 사이의 심리적인 거리가 멀어지면 세일즈매니저의 영향력이 세일즈맨에게 미칠 수 없게 되는 불통사태가 된다. 세일즈매니저가 세일즈맨의 실적 향상을 위해 사용한 '화'가 오히려 세일즈맨과의 불통이라는 부정적인 결과를 만들게 된 것이다. 세일즈매니저와 세일즈맨 소통이 단절되면 세일즈매니저는 조직을 운영하기가 더 어렵게 된다. 이런 문제를 방지하기 위한 간단하지만 효과가 높은 방법이 '경청'이다.

'말하기'와 '듣기'의 차이는 무엇일까? 말하기는 자신의 생각을 밖으로 내보내는 소통 방법이고, 듣기는 상대방의 생각을 자신이 받아들이는 소통 방법이다.

많은 리더십이나 커뮤니케이션 과정에서 '경청'을 커뮤니케이션 스킬 중 하나로 다루지만 다른 사람의 말을 제대로 듣기 위해서는 '스킬'보다는 '태도'가 더 중요하다. 경청에 대해 한 번도 배워 본 적이 없는 사람도 자신이 좋아하는 사람이 하는 말이나 자신에게 도움이 되는 말에는 온 정신을 집중해 듣는다. '금연하라'는 충고를 무시하던 사람도 의사로부터 "지금 이대로라면 생명에 영향을 받을 수 있습니다."라는 말을 들으면 바로 담배를 끊는 것도 의사의 권유를 듣는 것이 자신에게 도움이 된다고 생각하기 때문이다. 반대로 자신이 싫어하는 사람에 대해서는 "그 사람이 당신에게 도움이 된다."고 주변에서 아무리 말하더라도 도움을 요청하지 않는다.

상대방에 대한 긍정적인 태도는 상대방의 말에 귀를 기울이게 만든다. 이를 위해서는 상대방과의 '관계의 질'을 높일 필요가 있다.

4) 세일즈매니저의 '착각'

세일즈매니저의 착각 중 하나는 '세일즈맨들은 내 마음을 알거야'이다. 이런 생각을 하는 세일즈매니저는 세일즈맨의 입장을 고려하지 않고 자신만의 생각을 강요하는 일방적인 대화를 하게 된다.

세일즈매니저 중에는 문제가 발생해 상의하려는 세일즈맨에게 해결 방법을 알려주기보다 문제의 원인에 대해 세일즈맨을 질책하는 사람도 있다. 세일즈매니저는 세일즈맨을 믿고 자신의 답답함을 큰소리로 표현했다고는 하지만 질책을 들은 세일즈맨은 '저인간을 믿은 내가 바보지. 다음부터는 무슨 일이 있어도 저 인간하고는 얘기하지 않는다.'와 같은 결심을 하게 된다. 반면 '내가 화를 내는 것이 세일즈맨에게 도움이 될까?'라고 자문하는 세일즈매니저는 세일즈맨에게 상처를 주는 말을 함부로 하지 않는다.

세일즈매니저의 태도 차이가 세일즈맨과의 관계를 결정짓는 단초가 된다.

세일즈매니저가 자신을 믿어준다고 믿게 만드는 가장 쉬운 방법 중 하나는 인내력을 가지고 세일즈맨의 말을 끝까지 들어주는 것이다. 세일즈맨이 여유를 가지고 말하는 데 길어야 5분 정도이다. 세일즈매니저가 5분을 더 쓰면 세일즈맨은 자신이 하고 싶은 말을 편안하게 할 수 있다. 세일즈매니저에게는 '그저 5분'이지만 세일즈맨에게는 그 5분이 정말 '소중한 5분'이 될 수 있다.

세일즈매니저는 세일즈맨의 말을 잘 들으면 많은 것을 얻을 수 있다. 세일즈맨은 '세일즈매니저가 자신의 말을 끝까지 들어준다'는 판단이 들면 자신이 가지고 있는 모든 정보를 세일즈매니저에게 제공한다. 세일즈매니저는 세일즈맨으로부터 수집한 정보를 바탕으로 적절한 의사결정을 할 수 있게 된다. 세일즈매니저의 경청은 세일즈맨의 활동을 촉진하는 방법이 된다. 세일즈매니저가 세일즈맨과 면담을 하면서 세일즈맨의 말을 경청하게 되면 세일즈맨은 자신의 활동에 대해 상세하게 말하게 된다. 활동을 게을리 하는 세일즈맨으로서는 세일즈매니저와의 면담이 부담스러워서라도 열심히 활동하게 된다. 세일즈매니저의 입장에서 '경청'이라는 조그만 노력이 조직의 성과뿐만 아니라 서로를 신뢰하는 조직문화를 새롭게 만들 수도 있는 결과를 만들 수 있게 된다.

세일즈매니저가 세일즈맨의 말을 경청해야 하는 또 다른 이유는 '세일즈매니저는 세일즈맨의 역할 모델'이기 때문이다. 세일즈맨은 알게 모르게 세일즈매니저를 닮아간다. 세일즈매니저가 세일즈맨의 말을 경청하면 세일즈맨은 '경청의 효과'에 대해 깨닫고 고객에게 활용하게 된다. 세일즈매니저는 자신이 세일즈맨에게 하는 행동이 그대로 고객에게 전달된다는 사실을 명심해야 한다.

세일즈매니저는 세일즈맨에게 '물'과 같은 존재가 되어야 한다. 직장인들이 즐기는 '소주'는 물에 알코올을 희석해 만들지만 주인공은 '알코올'이다. 세일즈에서도 마찬가지이다. 세일즈의 주인공은 세일즈맨이고 세일즈매니저는 세일즈맨을 받쳐주는 '물'과 같은 역할이다. 하지만 많은 세일즈매니저는 '물'이 아니라 주인공인 '알코올'이 되고 싶어 한다.

세일즈매니저가 주인공이 되면 세일즈맨의 머릿속에는 고객 대신 세일즈매니저가 자리 잡게 된다. 이렇게 되면 '고객이 원하는 행동'을 하기보다는 '세일즈매니저가 시키는 행동'을 할 가능성이 높다. 세일즈매니저의 지시가 모든 고객을 만족시키지 못한다면 고객 불만을 초래할 수도 있다. 세일즈매니저가 세일즈맨에게 하는 지시는 세일즈매니저 자신의 존재감을 드러낼 수도 있지만 세일즈맨의 존재감을 없앨 수도 있다.

세일즈매니저가 '물'과 같은 역할을 해야 하는 이유는 '물 자체'로도 충분한 가치가 있기 때문이다. 물은 자기 고유의 색깔이 없지만 사람은 물을 마시지 않으면 목숨을 잃게 된다. 평소에는 그 가치를 알지 못하지만 물이 부족한 상황이 되면 가치를 충분히 절감하게 된다. 세일즈매니저는 자신의 존재감을 세일즈맨에게 억지로 느끼게 만드는 것이 아니라 세일즈맨이 필요한 경우 스스로 찾게 만들어야 한다.

5

세일즈매니저는 에너자이저이다

"진이 다 빠진다."

많은 세일즈맨이 고객을 만나고 나서 흔히 하는 말이다.

세일즈맨이 이런 말을 할 때에는 '세일즈 결과에 실망하거나 세일즈에 대한 싫증으로 의욕을 상실하거나 힘을 다 써서 기진맥진해진 상태'가 되었음을 의미한다.

세일즈맨이 고객과의 만남을 통해 계약 가능성을 타진하고 상대적으로 가능성이 높은 고객을 선정해 '오늘은 꼭 계약에 성공해야지'라는 굳은 결심을 하고 고객을 만나지만 계약에 성공하기보다는 실패할 가능성이 높다. 기대가 크면 실망도 크다는 말처럼 계약에 성공하지 못하면 실망으로 이어져 온 몸에 남아있던힘이 사라져 다음 고객을 만날 기운조차 없어진다.

반면, 오랫동안 공들였던 계약이 마무리되면 몸에서 무언가뜨거운 기운이 솟아오르는 경험을 한 세일즈맨도 많다. 이럴 때는 평소와 다르게 피곤한 줄도 모르고 몸에는 활기가 넘친다.

이처럼 세일즈맨이 좌절했을 때는 몸이 위축되면서 활기가 사라지지만 성공했을 때는 몸에서 에너지가 솟아난다.

세일즈맨이 왕성한 활동을 위해서는 끊임없이 에너지가 공급되어야 하는데 이런 에너지를 '심리 에너지'라고 한다. 과거 노동 집약적 산업에서는 육체적인 능력이 생산성에 결정적인 영향을 미쳤지만 서비스 산업 시대에서는 심리 에너지의 양이 세일즈 성과에 결정적인 영향을 미치게 된다. 따라서 세일즈매니저는 '심리 에너지'에 대한 이해가 필요하다.

예를 들어 세일즈맨이 고객을 만나러 가는 도중에 아래와 같은 상황을 맞이했다면, 이후의 상황이 어떨지 생각해보라.

> 고객을 만나기 위해 택시를 세웠는데 다른 사람이 자신이 먼저 세웠다고 양보를 요구하면서 시비가 붙게 되었다. 상대방과 큰 소리로 다툰 끝에 그 택시를 탈 수 있었다. 택시에서도 상대방의 무례함으로 인해 화가 가라앉지 않았다.

이 경우, 고객을 만나기 직전까지 세일즈맨의 기분은 격앙되어 있다. 화난 상태로 고객을 만날 수는 없기 때문에 세일즈맨은 자신의 감정을 추스르는데 애를 많이 쓰게 된다. 자신의 감정을 다스리는데 소모되는 에너지의 양은 상당하다.

업무를 수행하기 위해 자신의 진짜 감정을 숨기고 고객을 대하는 사람을 '감정노동자'라고 한다. 세일즈맨은 대표적인 감정노동자이다.

세일즈맨은 고객을 만날 때 항상 같은 모습을 유지해야 한다. 자신의 기분을 그대로 얼굴에 나타내면서 고객을 만날 수는 없다. 고객이 무례한 행동을 하더라도 평상심을 유지할 수 있어야 한다. 이렇듯 고객을 위해 자신의 기분을 억눌러야 하는 세일즈맨은 매우 힘든 감정노동을 한다.

감정은 아주 솔직하게 자신의 마음을 밖으로 나타내주는 역할을 한다. 영어로 감정을 뜻하는 'emotion'은 'e'와 'motion'이 결합된 단어이다. 'e'의 뜻에는 '밖으로'라는 의미가 있으므로 emotion은 밖으로 향한 운동을 의미한다. 연기력이 뛰어난 연기자라도 해당 장면에 적합한 감정을 이끌어내기 위해서 일정한 시간이 필요하다. 세일즈맨이 '지금 이 시점에서는 웃어줘야 해', '이제 눈물을 보여야 할 시점이다'라고 생각하더라도 적절한 강도의 감정을 자연스럽게 밖으로 표현하기는 어렵다.

■ 세일즈맨의 에너지를 채우는 세일즈매니저

감정노동인 세일즈는 많은 에너지를 소모하는 활동이다.

세일즈 활동을 위해서는 '신체 에너지'와 '심리 에너지'라는 두 종류의 에너지가 필요하다. 신체 에너지는 육체적인 활동과 밀접한 관계가 있다. 몸이 피곤하거나 부상이 있는 경우 세일즈 활동

이 어렵다. 그렇기 때문에 신체 에너지는 세일즈 활동의 기본이
된다.

'신체 에너지'와 마찬가지로 '심리 에너지' 역시 세일즈 활동에
중요하다. 기분 좋게 출근해 고객을 만났다. 고객으로부터 실망스
러운 소리를 들으면 온 몸에 힘이 쭉 빠지는 걸 느끼지만 고객으
로부터 "계약하겠다."는 말을 들으면 힘이 솟는 것을 느낀다.

이처럼 업무 수행을 위해 정신을 집중하기 위해서는 에너지가
필요한데 이 에너지를 '심리 에너지'라고 한다. 세일즈 성과는 세
일즈맨이 사용할 수 있는 심리 에너지의 양에 따라 결정된다.

심리 에너지가 세일즈에 미치는 영향은 절대적이다. 심리 에너
지가 고갈된 세일즈맨은 활동을 제대로 할 수가 없다. 세일즈맨이
심리 에너지를 최상의 상태로 유지하지 못하면 고객과 만날 수
없고, 세일즈 성과도 기대할 수 없게 된다. 세일즈매니저는 세일즈
맨의 고갈된 심리 에너지를 채워주어야 한다.

심리 에너지와 관련해 세일즈매니저의 역할은 크게 두 가지로
나눌 수 있다. 첫 번째는 세일즈맨이 자신의 심리 에너지를 유지
할 수 있도록 돕는 것이다. 세일즈맨이 하루에 사용할 수 있는 에
너지의 양은 정해져 있다. 만약 세일즈맨이 세일즈 활동이 아닌
다른 곳에 심리 에너지를 소모하게 되면 원하는 결과를 얻기 어
렵다. 세일즈매니저는 세일즈맨이 자신의 심리 에너지를 세일즈
활동에 온전하게 사용할 수 있도록 세일즈맨을 도울 필요가 있다.

두 번째는 세일즈맨의 심리 에너지양을 늘릴 수 있도록 돕는 것이다. 세일즈맨이 사용할 수 있는 심리 에너지의 양이 많을수록 높은 성과를 기대할 수 있다.

많은 사람들이 "너무 힘들어서……", "너무 피곤해서……" 혹은 "스트레스를 너무 받아서……"와 같은 이유로 세일즈를 그만 둔다. 이런 이유들 모두 심리 에너지와 관련이 있다. 심리 에너지의 양이 세일즈맨의 활동을 결정하고 성과에 영향을 미친다.

따라서 세일즈매니저는 세일즈 성과를 높이기 위해서는 세일즈맨의 심리 에너지의 양을 늘리는 작업이 우선되어야 한다.

■ 심리 에너지를 소모시키는 것들

세일즈맨의 계획대로 움직이는 고객은 없다. 세일즈맨의 얼굴을 보자마자 제품을 구매하겠다고 나서는 고객도 없다. 자발적이지 않은 고객을 설득하기 위해 세일즈맨은 많은 노력을 한다.

고객의 기분은 수시로 바뀔 수 있지만 세일즈맨은 한결같은 상태를 유지해야 한다. 세일즈맨이 '고객을 만난다'는 것은 '고객과 가장 유사한 감정을 유지하면서 고객을 만난다'는 의미이다.

세일즈맨이 고객을 만날 때는 고객과 같은 감정 상태를 유지해야 한다. 세일즈맨은 기분이 좋은 고객을 만날 때는 즐거움을, 상을 당한 고객을 만날 때는 슬픈 감정을 느껴야 한다. 고객은 자신의 상황에 맞춰 자연스럽게 감정을 표출할 수 있지만 세일즈맨은 자신의 진짜 감정 대신 고객이 바라는 감정을 유지해야 한다.

이런 과정에서 세일즈맨은 많은 에너지를 소모하게 된다.

세일즈맨의 에너지를 소모하게 만드는 또 다른 원인은 세일즈매니저를 포함한 동료들이다. 특히 세일즈맨과 밀접한 관계를 맺고 있는 세일즈매니저의 영향이 크다. 세일즈맨은 사무실에서 세일즈매니저로부터 "많이 힘들었죠? 향기 좋은 차 한 잔하면서 기운내세요."와 같은 따뜻한 말을 기대하지만 "오늘 실적이 얼마입니까?"와 같은 차가운 소리를 듣게 된다. 가뜩이나 자신의 기대에 미치지 못하는 실적으로 인해 실망하고 있는데 위로는 못해줄망정 실적으로 압박을 가하는 세일즈매니저가 고객보다 자신을 더 실망시킨다.

세일즈매니저가 세일즈맨에게 부정적인 단어를 사용할 때도 심리 에너지는 줄어든다. 세일즈매니저로부터 부정적인 말을 듣는 세일즈맨은 기분이 좋을 리가 없지만 자신의 기분을 그대로 세일즈매니저에게 표현할 수 없다. 이 과정에서 자신의 기분을 억제하는데 에너지를 소모하게 되면 고객을 만나기도 전에 진이 빠져 제대로 활동할 수 없게 된다.

세일즈를 선택한 세일즈맨은 감정노동에서 벗어날 수 없다.

'피할 수 없으면 즐기라'는 말처럼 감정노동을 해야 하는 상황이라면 '감정'의 속성을 이해하고 이를 세일즈에 활용해 성과를 높일 필요가 있다. 따라서 세일즈매니저는 감정노동에서 만들어지는 다양한 어려움을 이해하고 세일즈맨들이 경험하는 어려움을 극복할 수 있도록 도와야 한다.

■ 세일즈맨의 심리를 자극하는 세일즈매니저의 말과 행동

조직에서 구성원들의 사기를 높이고 신뢰 관계를 형성하기 위해 '조직 활성화' 혹은 '단합대회'와 같은 행사를 자주 한다. 참가자들은 즐거움과 활력을 느낀다. 참가자들과 대화할 기회가 많아져 동료를 이해할 수 있는 좋은 기회가 된다.

'조직 활성화'나 '단합대회' 같이 세일즈맨에게 활력을 만들어 주는 행사가 일회성으로 그치면 부작용이 나타날 수도 있다. 세일즈맨들이 '내가 그럴 줄 알았어. 그때뿐이지 뭐'와 같은 생각을 하게 되면 세일즈매니저는 신뢰를 잃게 된다. 세일즈매니저는 이런 문제를 해결하기 위한 방법을 알고 업무에 활용할 필요가 있다.

"제주도에서의 추억"

이 문장을 읽으면서 머릿속에서는 어떤 기억이 떠올랐는가?

아마도 사람들마다 전부 다를 것이다. 제주도에서의 경험이 즐겁고 편안했던 사람은 얼굴에 가벼운 미소가 떠오르겠지만 바가지요금으로 인해 불편했던 사람은 그때 기억이 나면서 얼굴을 찡그릴 가능성이 높다.

사람들은 누군가에게 말을 할 때 자신이 직접 체험한 내용을 말하면 듣는 사람은 자신의 과거 경험과 연결해 상대방의 말을 이해하려고 한다. '갈매기가 날고 있는 해변'이라는 말을 들으면 예전에 본 바다의 풍경을 떠올리게 된다.

다른 사람의 말을 들으면 자신도 모르게 머릿속에서는 그 말에 해당되는 기억을 떠올리게 된다. '잔소리쟁이'가 말을 할 때 '듣지 말아야지'하고 의지를 불태워도 결국 그 사람이 하는 말에 어느 정도 반응하게 된다.

MBC에서 다음과 같은 내용을 방송한 일이 있다. 실험에 참가한 12명의 사람들이 '늙은, 노후, 은퇴한, 해질녘, 휠체어를 탄, 따분한, 황혼의, 쓸쓸한, 외로운'와 같은 몇 가지 단어를 보여주고 난 다음 40미터를 걷는데 소요된 시간의 변화를 관찰하는 실험이었다. 결과는 어땠을까? 실험에 따르면 12명 모두 단어를 읽기 전보다 읽고 난 다음 걷는 속도가 평균 2초32 느려졌다. 반면 '스피드 있는, 열정적인, 신입사원, 부지런한, 스포츠, 승리, 유행을 따르는'과 같이 젊음과 관련된 단어를 보여줬을 때 실험에 참가한 모든 사람들은 2초46만큼 걷는 속도가 빨라졌다.

이런 차이가 만들어진 이유는 '기억'과 관련이 있다. 어떤 말을 듣게 되면 그 말과 관련된 기억을 떠올리게 된다. '늙은'과 '젊은'이라는 두 단어 모두 그저 종이 위에 적힌 단어에 불과하다.

하지만 '젊은'이라는 단어를 보는 순간 머릿속에는 '젊음'과 관련된 이미지가 떠오르면서 활기찬 기분으로 변한다. 이런 기분이 나도 모르게 내 행동을 활기차게 만들게 된다. 이처럼 우리는 싫건 좋건 일상에서 듣게 되는 모든 단어에 대해 알게 모르게 영향을 받게 된다.

세일즈매니저의 말과 행동이 세일즈맨에게 영향을 미친다.

세일즈매니저는 자신의 말과 행동이 세일즈맨에게 어떤 영향을 미치는지 확인할 필요가 있다. 세일즈맨의 활동을 촉진하기 위해 한 말이 오히려 세일즈맨의 에너지를 없앨 수도 있기 때문이다.

■ 보이지 않는 관계가 세일즈 성과에 영향을 준다

말이나 행동과는 달리 눈에 보이지 않으면서 감정에 영향을 주는 중요한 요인이 바로 '관계'이다. 세일즈맨이 세일즈매니저를 신뢰하면 같은 공간에 있는 것이 에너지를 얻는데 도움이 되지만 불편함을 느끼면 에너지가 소진된다. 이처럼 눈에 보이지 않는 '관계'는 세일즈매니저와 세일즈맨 모두의 에너지에 영향을 주고 있다.

세일즈맨과 세일즈매니저의 관계가 돈독하면 세일즈맨은 '내가 계약을 하지 못했어도 나를 따뜻하게 맞아 줄 거야.'라고 생각하면서 사무실로 돌아오게 된다. 세일즈맨은 세일즈매니저와 대화를 통해 다음 활동에 필요한 에너지를 충전할 수 있다. 하지만 '고민이네. 빈손으로 가면 얼굴을 찡그릴 텐데……'와 같은 부정적인 생각은 에너지를 소모시키는 원인이 된다. 이처럼 세일즈매니저와 세일즈맨의 관계가 세일즈 성과에 많은 영향을 미친다.

세일즈맨이 성과를 만들기 위해서는 에너지가 필요하다.

세일즈매니저가 하는 말은 세일즈맨에게 에너지를 줄 수도, 빼앗을 수도 있다. 이것은 세일즈맨과 고객과의 관계도 마찬가지이다.

세일즈매니저는 세일즈맨의 말이나 행동이 고객에게 활기찬 에너지를 제공할 수도 있지만 에너지를 빼앗을 수도 있다는 사실을 세일즈맨에게 알려주어야 한다.

고객은 자신에게 에너지를 주는 세일즈맨을 선호한다. 고객이 자신의 소중한 시간을 세일즈맨에게 할애했는데 만나고 난 다음 '피곤함'만 남는다면 그 고객은 세일즈맨을 더 이상 만날 필요가 없다. 세일즈에서 '클로징'이 중요하다고 강조하는 사람이 많다. 하지만 고객과 지속적인 거래를 원한다면 고객에게 부담을 주는 마무리는 피해야 한다.

사람은 자신에게 에너지를 공급하는 사람을 좋아하고, 빼앗아 가는 사람을 싫어한다. 관계가 나쁜 사람을 피하는 이유도 그 사람과 함께 하면 자신도 모르게 에너지가 소진되기 때문이다.

휴대폰과 기지국 사이의 전파가 약하면 배터리가 빨리 소모되는 것처럼 세일즈매니저와 세일즈맨 사이에 원활한 소통이 안 되면 심리 에너지의 소모 또한 빨라진다. 세일즈매니저와 세일즈맨의 커뮤니케이션 스킬이 중요한 이유가 여기에 있다.

세일즈매니저의 고객은 세일즈맨이다. 세일즈맨이 없다면 세일즈매니저의 존재 또한 필요가 없다. 세일즈매니저는 항상 자신이 세일즈맨에게 에너지를 주는 사람인가, 빼앗는 사람인가를 고민하면서 조직을 운영할 필요가 있다.

CHAPTER 2

주도적인
세일즈맨으로
성장하게 한다

세일즈매니저가 목표를 달성하기 위해서는 세일즈맨의 수가 많을수록 유리하다. 세일즈맨의 수와 실적이 비례하기에 세일즈맨의 수는 실적 달성에 중요한 포인트가 된다. 이런 이유로 세일즈매니저는 세일즈맨을 영입하는데 많은 시간과 노력을 기울인다. 하지만 세일즈매니저의 이런 노력이 항상 원하는 결과로 이어지는 것은 아니다. 만약 자신이 깊은 산속에서 조난을 당했다면 다음 상황에 대해 어떻게 하겠는가?

산속에서 며칠 동안 굶주려 허기를 달래면서 겨우 걷고 있는데, 눈앞에 큰 버섯이 나타났다.

허기를 견딜 수 있는 사람은 "독버섯인지 확인하고 먹겠다."라고 대답하겠지만 며칠 동안 굶은 사람은 '굶어 죽으나 먹고 죽으나 마찬가지'라는 생각으로 가리지 않고 먹게 된다. 같은 상황이라고 가정하고 다음 질문에 대해 어떻게 행동하겠는가?

내일 구출된다는 사실을 알았다. 버섯을 먹겠는가?

이 질문에 대해 모든 사람은 "급하게 먹지는 않겠다." 혹은 "먹어도 괜찮다는 확신이 들어야 먹겠다."와 같은 대답을 할 것이다. 오늘 하루만 버티면 내일 안전하게 구조될 수 있다는 희망이 있기에 자신에게 미치는 영향을 신중하게 고려하면서 먹을거리를 선택하게 된다. '내일이 있다'는 희망은 사람을 고통으로부터 견딜 수 있게 만든다.

세일즈 조직의 희망은 '사람'이다. 어떤 사람을 선발하느냐에 따라 그 조직의 성패가 결정된다. 세일즈매니저는 조직에 중요한 영향을 미치는 세일즈맨의 선발에 많은 노력을 기울여야 한다.

하지만 세일즈매니저가 조급하면 세일즈맨을 제대로 선발할 수 없게 된다. 세일즈매니저가 실적의 압박을 받으면 산속에서 굶주린 상태로 버섯을 발견한 경우와 같은 상황이 된다. 자신의 발에 떨어진 급한 불을 끄는데 도움이 된다고 판단되면 독버섯인지 건강한 버섯인지 가리지 않고 먹게 된다.

세일즈 조직은 내일이 있는 조직이어야 한다. 세일즈 조직은 회사의 조직이지 세일즈매니저 개인을 위한 조직이 아니다. 세일즈매니저가 회사를 그만두거나 다른 부서로 옮기더라도 조직은 유지되고 발전되어야 한다. 세일즈매니저는 지금 자신이 하고 있는 일이 세일즈맨과 조직의 내일에 도움이 되는가를 확인하고 도움이 된다는 확신이 들 때 자신의 생각을 행동으로 옮겨야 한다.

1

세일즈매니저의 역량에 따라
세일즈맨의 능력이 달라진다

유명 화가인 이중섭 화백의 작품 중에 '황소'라는 그림이 있다. 몇 년 전 경매에서 35억 원 정도에 낙찰되면서 우리나라에서 두 번째로 비싼 그림이 되었다. 만약 이 그림에서 사용된 것과 똑같은 재료로 다른 사람이 그림을 그렸다면 얼마에 팔릴까? 아마도 그림은 팔리지 않고 폐품으로 처리될 가능성이 높다. 이처럼 같은 재료라도 누가 사용하느냐에 따라 결과에는 엄청난 차이가 있다.

'어떻게 하면 세일즈맨의 역량을 향상시킬까?'보다는 '어떻게 하면 성과가 높은 세일즈맨을 확보할 수 있을까?'에 더 많은 관심을 두는 세일즈매니저도 있다. 성과가 높은 세일즈맨으로 성장하기까지 많은 시간과 노력이 필요하다. 매일 실적에 쪼들리는 세일즈매니저로서는 세일즈맨의 성장을 위해 오랜 시간을 기다릴 여유가 없다. 또 '죽 쒀서 남준다'는 속담처럼 자신이 애써 양성시킨 세일즈맨의 실적이 자신이 아니라 다른 사람에게 돌아갈 수 있다는 걱정도 세일즈맨의 육성을 소홀히 하는 이유가 된다.

세일즈매니저는 성과가 높은 세일즈맨을 스카우트하기를 바란다. 이렇게 하면 세일즈매니저의 시간과 노력을 절약할 수 있고 조직의 실적 향상에도 바로 영향을 미치기 때문이다. 하지만 이런 세일즈맨을 만나기란 쉽지 않다. 따라서 다른 사람이 양성한 세일즈맨을 스카우트 하겠다는 생각은 버리고 세일즈매니저가 자신과 함께 하는 세일즈맨의 역량을 높이는 것이 현실적인 해결 방법이 된다.

세일즈매니저가 자신의 역할을 제대로 수행하기 위해서는 다양한 능력이 필요하다. 몇 가지만 나열하면 세일즈맨을 성장시키기 위한 역량, 조직원 사이에 건강한 관계를 유지하고 갈등을 예방하기 위한 역량 그리고 성과를 내는 역량 등이 대표적으로 세일즈매니저에게 요구되는 역량이다.

■ 회사의 중요한 자원인 세일즈맨

세일즈맨은 회사의 중요한 인적자원이다. 대부분의 회사에서는 세일즈맨의 역량을 향상시킬 수 있는 교육 프로그램이나 교육 담당자 등 하드웨어는 어느 정도 갖춰져 있다. 세일즈맨에게 하드웨어보다 더 중요한 것은 '소프트웨어'로 회사나 세일즈매니저에 따라 많은 차이를 보이고 있다.

세일즈와 관련된 인력을 선발하고 양성하는 방법에 따라 회사의 운명이 결정된다. 세일즈매니저가 세일즈맨을 제대로 육성하기 위해서는 '세일즈맨을 존중하는 태도'와 '문제 해결 능력'이 요구된다. '사람에 대한 존중'은 모든 사람들이 필요하고 중요하다고 알고 있지만 제대로 실천하기가 쉽지 않다. 대부분의 회사에서 세일즈맨을 '회사의 중요한 파트너'라고 말하고 있다. 하지만 자신을 '회사의 파트너'라고 인식하는 세일즈맨이 얼마나 될까?

세일즈맨에게 '우리는 당신을 중요한 파트너로 생각합니다.'라는 인식을 심어주는 것이 세일즈맨 육성의 출발점이 되어야 한다.

세일즈맨이 느끼는 '회사로부터 존중받고 있다, 그렇지 못하다'의 기준은 '세일즈매니저가 세일즈맨을 대하는 태도'이다. 세일즈맨들은 세일즈매니저와 회사를 동일시하고 있다. 세일즈매니저가 자신들을 대하는 태도를 가지고 '회사가 나를 이렇게 대하는구나.'라고 평가하게 된다. 따라서 세일즈매니저는 어떤 경우에도 세일즈맨으로부터 '회사가 나를 존중해 인격적으로 대하는구나'라는 생각이 들도록 해야 한다.

이렇게 하기 위해서는 회사도 세일즈매니저를 존중해야 한다. '고기도 먹어본 사람이 맛을 안다'는 말처럼 회사로부터 존중받는 세일즈매니저가 세일즈맨을 존중할 수 있다.

세일즈매니저가 세일즈맨을 존중하기 위해서는 '사람에 대한 관심과 사랑'이 필요하다. 세일즈가 부진할 때 제일 답답한 사람은 '세일즈맨'이다. 이렇게 답답해하는 사람을 향해 '화'를 낸다고 세일즈맨이 정상적인 계약을 할 수 있을까? 실적이 부진한 세일즈맨에게 건네는 "많이 힘들죠!"와 같은 따뜻한 말 한마디가 세일

성과를 내는 세일즈매니저는 무엇이 다른가

즈맨을 다시 일어서게 만드는 생명수와 같은 역할을 한다.

세일즈매니저에게는 '문제 해결 능력'이 필요하다. 여기서 '문제'는 세일즈 성과와 관련해 세일즈맨이 해결해야 하는 과제를 의미한다. 세일즈매니저는 '세일즈맨이 실적 향상에 걸림돌이 되는 문제를 해결할 수 있도록 도와주는 사람'이다. 세일즈매니저는 세일즈맨이 자신의 잠재능력을 충분히 발휘해 세일즈 실적과 연결될 수 있도록 도움을 줄 수 있어야 한다.

세일즈맨 모두를 성장시키기 위해서는 세일즈매니저의 태도와 역량이 중요하다. 세일즈매니저의 부정적인 태도는 세일즈맨의 성장을 방해하는 걸림돌이다. 세일즈매니저는 자신이 세일즈맨의 성장을 도울 수도 있지만 방해할 수도 있고, 자신의 역량이 세일즈맨의 성장을 결정짓는 핵심이라는 사실을 알아야 한다.

세일즈맨을 성장시키는
세일즈매니저의 긍정 시각

목이 말라 물을 찾았더니 반 정도 남아 있는 물병을 발견했다. 이 물병을 보면서 어떤 생각이 떠오르는가? 아마도 '겨우 반 밖에 없어. 이걸로는 갈증 해결이 어렵겠는데……' 혹은 '그래도 이 정도면 없는 것보다는 낫지. 일단 이걸로 목을 축이고 다른 물을 찾자.' 중 하나와 비슷한 생각일 것이다.

같은 물병에 대한 두 가지 생각에는 큰 차이가 있다. '물이 반 밖에 남아있지 않다'고 생각한 사람은 남아 있는 물보다는 없어진 물에 초점을 맞추고 있다. 반면 '반이나 남아 있다'라고 생각하는 사람은 남아 있는 물에 관심을 두고 있다. 남아 있는 물에 관심을 두게 되면 생기가 돌면서 여유를 느낄 수 있지만 마실 물이 부족하다고 생각하면 불안함과 초조함으로 인해 오히려 갈증이 더 심해진다. 이처럼 같은 물이라도 어느 부분을 보느냐에 따라 결과는 달라진다. 물병을 바라보면서 남아 있는 물에 관심을 두게 되면 생기가 돌면서 여유를 느낄 수 있지만 마실 물이 부족하다고 생각하면 걱정되면서 오히려 갈증이 더 심해진다.

세일즈매니저가 세일즈맨을 대할 때도 물병을 보는 것과 같다. 지금 당장 책을 잠시 내려놓고 5분 정도의 시간을 할애해 빈 종이에 자신의 장점과 단점을 적어보라. 장점과 단점 중 무엇을 더 많이 적었는가? 만약 장점보다 단점을 더 많이 적었다면 장점보다는 단점에 더 많은 관심을 둔다는 것을 알 수 있다.

사람들은 성장과정에서 주변 사람들로부터 많은 충고를 듣는다. "너의 부족한 부분은 ○○이다.", "이런 부분을 보충해야 원하는 목표를 달성할 수 있다." 혹은 "네가 실패한 이유는 △△ 때문이다." 와 같은 부정적인 피드백이 주를 이룬다. 특히 관계가 가까운 사람일수록 부족한 부분을 채워주려고 노력한다. 문제는 다른 사람들로부터 부족하다는 소리를 들을 때마다 자신감이 올라가기는커녕 더 떨어진다는 것이다. 특히 영향력이 큰 사람으로부터 부정적인 말을 들으면 '나는 ○○을 할 수 없는 사람이다'라는 부정적인 믿음을 갖게 된다. 이런 부정적인 믿음은 자신의 능력과 행동에 부정적인 영향을 미쳐 정말 무능력한 사람이 될 가능성이 높다.

세일즈매니저가 세일즈맨에게 미치는 영향은 절대적이다.

세일즈맨이 세일즈를 하는 동안 세일즈매니저로부터 받는 영향은 부모 이상이다. 이렇게 큰 영향을 미치는 세일즈매니저가 세일즈맨의 부족한 능력에 초점을 맞추어 대화를 하면 세일즈맨을 좌절의 늪으로 밀어 넣는 것과 같다.

다른 사람으로부터 '부족하다'란 말을 듣기 좋아하는 사람이 누가 있겠는가? 세일즈맨의 경우 자신감이 결여된 '인재'가 많다. 여기서 '인재'란 자신의 잠재능력을 미처 발견하지 못한 사람을 의미한다.

■ 세일즈맨은 모죽과 같다

'모죽'이라는 대나무가 있다. 모죽은 5년의 시간에 걸쳐 땅속에서 뿌리 내리는 작업을 한다. 이 기간 동안 땅위에서는 아무런 변화가 없어 아무것도 보이지 않는다. 하지만 5년이 경과된 이후에는 상황이 급변한다. 하루에 최고 70cm를 자라면서 6개월 동안 30m나 자란다. 지구상의 생물 중 가장 큰 성장을 한다.

세일즈매니저는 자신의 눈앞에 있는 세일즈맨을 '모죽'이라고 생각할 필요가 있다. 세일즈맨의 실적이 떨어지면 '도약을 위한 준비'라고 생각하면 마음이 편안해진다.

세일즈맨이 모죽과 다른 것은 모죽은 5년이라는 기간이 정해져 있지만 사람은 그렇지 않다. 세일즈를 시작한 날부터 두각을 나타내는 사람도 있지만 상당한 시간이 흐른 다음 자신의 능력을 발휘하는 사람도 있다.

세일즈 조직에서는 '고양이 손이라도 빌리고 싶다'는 말처럼 항상 사람이 부족하다. 세일즈맨이 되겠다고 말하는 순간부터 그 사람은 '모죽'이다. 세일즈매니저는 세일즈맨을 보면서 세일즈에 활용할 수 있는 장점을 하나라도 찾아서 알려주자. '아, 나에게도 이런 면이 있었구나!'라고 자신감을 얻어 열심히 활동할 것이다.

■ 세일즈맨을 보는 시선부터 변화시켜라

"신에게는 아직도 12척의 배가 남아있습니다." 누구나 한 번쯤은 들었을 이 대사는 이순신 장군이 명량대첩을 앞두고 하신 말씀을 전쟁에서 승리할 수 있었던 이유는 남아있던 배를 활용해 이길 수 있는 방법을 찾으셨던 것이라고 생각한다.

세일즈매니저도 항상 이순신 장군과 같은 태도를 유지할 필요가 있다. 세일즈매니저가 '세일즈맨의 숫자가 부족하다' 혹은 '세일즈맨의 능력이 기대에 미치지 못한다'와 같이 부진의 원인을 외부에서 찾으면 자신이 해결할 수 있는 것은 아무것도 없다. 세일즈매니저는 부족한 자원을 탓하기보다는 가지고 있는 자원을 발견하고 제대로 활용할 수 있는 방법을 찾아야 한다. 이를 위해 세일즈매니저는 세일즈맨의 보유자원을 탐색하는 것부터 시작할 필요가 있다.

내가 검은 색 렌즈의안경을 끼고 세상을 보면 모든 사물이 까맣게 보이고 파란 색 렌즈의 안경으로 바꾸면 모든 사물이 파랗게 보인다. 세일즈매니저가 부정적인 시각으로 세일즈맨들을 보면 모든 세일즈맨들로부터 부정적인 면을 발견할 수 있다. 반대로 긍정의 안경을 끼고 세일즈맨을 보면 세일즈맨으로부터 여러 가지 강점들을 볼 수 있다. 결국 세일즈맨의 능력을 제대로 활용할 수 있느냐는 세일즈매니저가 어떤 시각으로 세일즈맨을 보느냐에 달렸다.

3

세일즈매니저의 여유가 세일즈맨을 성장시킨다

　조직에서 리더의 역할은 중요하다. 리더는 조직원이 자신의 역량을 충분히 발휘할 수 있는 환경을 만들 필요가 있다.

　세일즈맨은 세일즈와 관련된 모든 과정을 혼자 해결해야 한다. 사무직의 경우 리더는 조직원의 움직임을 대부분 파악할 수 있다. 리더의 도움이 필요한 사람은 행동이나 표정으로 쉽게 파악할 수 있다. 하지만 세일즈는 완전히 다르다. 세일즈의 중심 무대는 사무실 밖이다. 세일즈맨이 밖으로 나가면 세일즈매니저는 세일즈맨에게 적절한 도움을 주기가 어렵다.

　세일즈맨의 활동을 직접 확인할 수 없는 세일즈매니저는 세일즈맨이 눈앞에 있을 때마다 세일즈맨의 활동을 촉진하기 위해 여러 가지 지시를 한다. 이때 세일즈맨에 대한 세일즈매니저의 세계관이 드러난다. 실적이 뛰어난 세일즈맨에게는 '밖에서도 열심히 하는 사람'이라고 생각해 주로 격려의 말을 하지만 실적이 저조하거나 평소 믿음을 주지 못한 사람에게는 '활동에 대한 세세한 부분까지 지시'하게 된다.

실적이 부진할 때 가장 큰 영향을 받는 사람은 세일즈맨 자신이다. 실적이 부진한 세일즈맨 중 세일즈매니저에게 고통을 주려고 일부러 활동을 게을리 하는 사람은 없다. 세일즈매니저가 아무리 설득을 하거나 야단을 치더라도 세일즈맨의 활동을 어렵게 만드는 근본적인 문제가 해결되지 않으면 실적 향상을 기대하기는 어렵다.

■ 문제 해결을 위해서는 세일즈매니저의 여유가 필요

개에게 물린 사람은 개에 대한 공포가 무의식에 들어있다.

이런 사람은 강아지를 만나도 무서워 피한다. 강아지를 피하는 모습을 보면서 "강아지를 무서워하면 어떻게 해? 이 강아지는 안 물어."라고 말을 하더라도 그 사람은 다른 사람처럼 강아지를 귀여워하기가 어렵다. 고객 방문을 두려워하는 세일즈맨에게 "실적 향상을 위해서는 고객 방문이 중요하다."고 강조하더라도 세일즈맨으로부터 "머리로는 이해가 되지만 몸이 움직이지 않는다."는 말을 들을 가능성이 높다. 이런 경우에는 '저 사람에게 무슨 문제가 있구나.'라는 생각을 하면서 "혹시 고객을 방문할 때 어려움이 있습니까?" 혹은 "과거에 고객과의 관계에서 문제가 있었습니까?"와 같은 질문을 통해 세일즈맨의 행동을 이해할 필요가 있다.

세일즈매니저가 세일즈맨의 말을 들어주고, 세일즈맨이 가지고 있는 문제를 함께 해결하기 위해서는 마음의 여유가 필요하다.

세일즈매니저의 마음이 초조하고 불안하면 세일즈맨의 문제를 제대로 파악하기 어렵게 된다.

마음이 급한 세일즈매니저는 세일즈맨과 대화하면서 문제를 해결하기보다는 자신의 생각을 일방적으로 지시할 가능성이 높다. 이런 경우 세일즈맨은 세일즈매니저의 지시를 부담스러워 한다. '도와줄 생각은 하지 않고 자기 실적만 챙긴다.' 혹은 '내가 싫어 안하나?'와 같이 세일즈매니저를 이해하기보다는 세일즈매니저의 지시에 반발하게 된다. 세일즈매니저의 마음이 급할수록 자신이 원하는 결과와는 거리가 멀어지게 된다.

목표한 실적을 달성하지 못한 세일즈매니저는 초조하고 불안하다. 이럴 때 자신의 눈앞에서 여유롭게 웃고 떠들고 있는 세일즈맨을 보면 '뭐, 저런 뻔뻔한 인간이 있어? 지금 얼마나 바쁜 시간인데 저렇게 놀아? 날 골탕 먹이려고 작정을 했네.'라고 혼자서 생각하게 된다. 실적에 대한 스트레스는 세일즈매니저를 이성적으로 판단하고 행동하기 어렵게 만든다. 세일즈매니저는 세일즈맨의 실적이 자신에게 도움이 되면 '아군', 그렇지 않으면 '적'으로 인식해 실적이 부진한 세일즈맨을 공격하게 된다. 세일즈매니저는 이런 상황이 오지 않도록 예방할 필요가 있다.

스트레스 상태에서는 세일즈매니저가 상황을 객관적으로 판단하기 어렵다. 마치 좁은 관을 통해 주변을 보는 것처럼 세일즈매니저의 시야가 좁아져 모든 상황을 고려해 판단하는 것이 아니라 단편적인 정보를 바탕으로 의사결정을 하게 된다. 세일즈매니저는 이런 상태에서 잘못된 판단을 할 가능성이 높다.

세일즈매니저가 조직을 효과적으로 운영하기 위해서는 '여유'가 필요하다. '실적이 부진한데 어떻게 여유를 가질 수 있느냐? 마음 편한 소리하지 마라'라고 생각할 수도 있지만 '마음의 여유'는 선택이 아니라 반드시 필요한 것이다.

'급할수록 돌아가라'는 말처럼 세일즈매니저는 여유가 필요하다. 세일즈매니저에게 여유의 의미는 세일즈맨의 문제를 이해하고 함께 해결방법을 찾는 시간이다. '천리길도 한걸음부터'라는 속담처럼 세일즈매니저가 서두르지 않고 문제를 하나씩 해결해 간다면 어느 순간 원하는 목표를 달성한 자신을 만날 수 있을 것이다.

4

서로에 대한 신뢰가 세일즈 성과를 높인다

세일즈매니저와 세일즈맨은 한 배를 탄 '공동운명체'다. 배가 침몰하면 두 사람의 목숨이 위험하게 된다. 건조 당시 침몰하지 않는다고 장담하던 '타이타닉'호도 첫 번째 항해에서 침몰한 것처럼 세일즈매니저와 세일즈맨은 자신들이 타고 있는 배가 침몰하지 않도록 노력할 필요가 있다. 하지만 많은 조직에서 세일즈매니저와 세일즈맨은 자신들이 타고 있는 배가 침몰하지 않을 것처럼 행동하고, 침몰하는 동안에도 그 사실을 인지하지 못하는 경우도 있다.

선원들이 자신의 일을 소홀히 하면 배에 문제가 발생한다.

세일즈 조직도 배와 마찬가지이다. 세일즈매니저와 세일즈맨 모두가 자신의 역할에 최선을 다하지 않으면 조직은 서서히 침몰하게 된다. '나 하나쯤 이렇게 하는 건 괜찮을 거야'와 같은 안이한 생각은 배를 침몰시키는 원인이 된다. 이런 태도는 주변 사람들에게도 전염된다. '저 사람도 자기 일을 제대로 하지 않는데……'라며 긴장을 풀고 한눈을 파는 사람들의 수가 늘어난다.

이런 안이한 생각들이 조직을 무너뜨리게 된다.

목표 달성은 세일즈매니저와 세일즈맨 모두가 자신의 역할에 최선을 다할 때 가능해진다. 모든 구성원들이 항상 자신의 일에 최선을 다하기는 현실적으로 어렵다. 세일즈매니저의 역할은 세일즈 활동에 부정적인 영향을 미치는 다양한 문제를 해결해 세일즈맨이 세일즈에 집중할 수 있도록 도와주는 것이다.

세일즈매니저가 '세일즈맨을 돕겠다'는 순수한 마음에서 한 말이나 행동도 세일즈맨에게 간섭으로 비춰질 수 있어 세일즈매니저의 역할은 '물'과 같아야 한다. 마시고 싶지 않은 사람에게 주는 물은 쓸모없는 것이지만 갈증을 느끼는 사람에게는 생명수와 같은 고마운 존재이다. 세일즈맨은 세일즈매니저의 조언이 자신에게 필요할 때는 '도움'이라고 생각하지만 그렇지 않을 때는 '잔소리'라고 여긴다. 따라서 세일즈매니저의 도움은 세일즈맨에게 물과 같은 역할을 해야 한다.

■ 세일즈맨을 적극적으로 만드는 기다림

세일즈매니저의 잔소리는 세일즈맨을 수동적으로 만든다. 세일즈맨은 '세일즈매니저가 말하면 그 때 활동하면 된다.' 혹은 '세일즈매니저가 시키는 대로 하는 것이 마음 편하다.'와 같은 생각으로 세일즈매니저의 눈치를 보면서 움직인다.

세일즈매니저가 수동적인 세일즈맨에게 활동을 재촉하면 세일즈맨은 세일즈 활동의 목적을 '자신을 위해서가 아니라 세일즈매니저를 위해서'라고 생각하게 된다. 세일즈맨은 자신의 활동을 재촉하는 세일즈매니저에게 감사한 마음을 갖기 보다는 '세일즈매니저에게 은혜를 베푼다'고 착각하기도 한다. 또한 세일즈매니저의 활동 재촉에 대해 '자기 실적이 급하니 나를 이용한다'고 생각하는 세일즈맨도 있다.

하지만 세일즈매니저가 여유를 가지면 이런 분위기는 달라진다. 세일즈매니저가 세일즈맨이 움직일 때까지 인내심을 가지고 기다리면 답답하고 초조해지는 쪽은 세일즈맨이다. 이렇게 되면 세일즈맨이 세일즈매니저에게 먼저 다가와 자신의 속마음을 털어놓게 된다. 세일즈매니저의 기다림은 세일즈맨을 적극적으로 움직이게 만드는 효과가 있다.

세일즈맨이 먼저 다가올 때 세일즈매니저가 조심해야 할 행동이 있다. "내 말을 듣지 않아 이런 일이 발생했다." 혹은 "평소에는 내 말을 무시하더니 아쉬울 때는 찾아오네요."와 같은 말은 절대로 하지 말아야 한다. 이런 말을 듣는 순간 세일즈맨은 '그래, 믿었던 내가 바보지.'와 같은 생각을 하면서 더 이상 세일즈매니저를 신뢰하지 않게 된다. 이런 결과를 만들지 않기 위해 세일즈매니저는 항상 "제가 무엇을 도와줄까요?"라고 세일즈맨의 의견을 먼저 물어봐야 한다. 이럴 때 세일즈매니저의 태도가 중요하다. 세일즈매니저가 찡그리거나 불편해하면 세일즈맨에게 불신을 안겨주기 때문에 최대한 세일즈맨을 존중하는 태도로 맞이해야 한다.

세일즈매니저가 정중하게 세일즈맨을 맞이하더라도 세일즈맨은 자신의 모든 고민을 말하지 않을 수도 있다. 세일즈매니저가 세일즈맨의 고민을 안다고 하더라도 먼저 말하면 역효과를 가져올 수 있다. 세일즈맨이 자신의 모든 고민을 말하지 않는 이유는 '세일즈매니저에 대한 미안함'과 '세일즈매니저의 진심에 대한 의심' 때문이다. 세일즈매니저는 '알면서도 속는다'는 말처럼 자신의 도움이 더 필요하다고 판단되더라도 "제 도움이 필요하면 언제든지 말씀하세요."와 같은 말을 건네면서 기다려야 한다. 이때부터 세일즈맨은 세일즈매니저의 행동을 관찰하면서 '정말 믿을 수 있는 사람인가?'를 탐색하기 시작한다. 세일즈매니저의 진심을 확인하면 세일즈맨은 먼저 다가와 자신의 모든 것을 털어놓는다.

세일즈매니저는 기다리는 동안 두려움을 느낀다. '정말 괜찮을까?' 혹은 '지금보다 실적이 더 나빠지면 어쩌지?'와 같은 불안한 생각에 끝까지 기다리지 못하고 중간에 개입하는 경우가 있다. 이렇게 되면 세일즈맨에게 '그럼 그렇지'라는 확신을 주면서 신뢰를 상실하게 된다. 잃어버린 신뢰를 되찾기까지는 더 많은 노력과 시간이 필요하다. 기다림의 효과를 제대로 활용하기 위해서는 세일즈매니저의 인내심이 필요하다.

세일즈 실적이 하락하면 가장 힘든 사람은 세일즈맨이다.

세일즈맨은 마음이 답답하거나 기다릴 여유가 없으면 세일즈매니저에게 도움을 요청하게 된다. 세일즈매니저는 평소 아껴둔 도움을 이럴 때 아낌없이 주게 되면 세일즈맨은 세일즈매니저에게 고마움을 느끼면서 신뢰하게 된다. 세일즈매니저는 자신의 존재감과 필요성을 힘들이지 않고 세일즈맨에게 확실하게 인식시킬 수 있게 된다.

세일즈매니저는 자신과 함께 일하는 세일즈맨을 믿어야 한다. 세일즈맨을 신뢰하게 되면 비록 지금은 힘들지만 미래를 위해 인내를 발휘할 수 있다. 세일즈매니저와 세일즈맨의 신뢰를 바탕으로 만들어진 조직은 건강하고 오래 유지될 수 있다.

5

세일즈맨을 능동적으로 만드는
세일즈매니저의 '문제 해결 능력'

다양한 요리 재료가 테이블 위에 놓여 있다. 가장 맛이 좋은 요리를 만들라.

이런 과제를 받았을 때 사람마다 자신이 생각하는 '가장 맛있는 음식'을 만들게 된다. 하지만 맛에 대한 평가는 사람마다 다르다. 만들어진 음식은 요리사가 생각하는 맛있는 요리이지 실제로 먹을 사람의 의견을 듣고 만든 것은 아니다. 당연히 요리사와 먹는 사람 사이에는 맛에 대한 평가의 차이가 생기게 된다.

하지만 요리사가 음식을 먹을 사람의 의견을 듣고 음식을 만들면 고객의 만족도는 당연히 높아진다. 고객의 의견을 들으면서 음식을 만들면 만족도가 올라간다는 사실을 알고 있으면서도 실제로 고객의 의견을 반영해 요리하는 식당은 드물다. 고객마다 다른 입맛을 고려해 요리를 하게 되면 조리 시간도 오래 걸리고 가격도 비싸져 다른 식당에 비해 경쟁력이 떨어질 가능성이 높다. 심하면 식당 문을 닫아야 하는 상황에 이를 수도 있다.

이런 상황을 피하기 위해 대부분의 식당은 맛을 정해놓고 고객을 맞이하고 있다. 세일즈매니저의 상황도 식당과 비슷하다.

대부분의 세일즈매니저는 자신이 만들기 편하거나 자신의 입맛에 맞는 음식을 만들어놓고 세일즈맨에게 먹으라고 요구한다.

세일즈매니저의 이런 요구에 대해 일부 세일즈맨은 '맛이 없다'고 솔직하게 말하거나 먹기를 거부한다. 이런 세일즈맨의 반응에 대해 세일즈매니저는 '자신에 대한 거부'라고 인식하는 경우가 있다.

세일즈매니저가 세일즈맨의 반응을 부정적으로 받아들이는 것은 자신이 '발전'하고 '성장'할 수 있는 기회를 스스로 차버리는 결과를 만들게 된다.

■ 세일즈맨은 요리사

세일즈맨은 '고객'이라는 다양한 재료를 가지고 있다. 고객이 많은 세일즈맨은 많은 재료를 가지고 있지만 바로 활동을 시작한 세일즈맨은 재료가 부족하다. 같은 재료라 하더라도 요리 솜씨가 좋은 세일즈맨은 입맛에 맞는 음식을 만들 수도 있지만 그렇지 못한 세일즈맨은 형편없는 요리를 만들기도 한다. 세일즈매니저의 존재 이유와 역할이 여기에 있다.

세일즈매니저가 가장 먼저 해야 할 일은 세일즈맨이 가지고 있는 재료를 전부 꺼낼 필요가 있다. 세일즈맨이 가지고 있는 다양한 재료들을 '자원'이라고 한다. 자원은 고객 리스트와 같이 눈으로 확인할 수 있는 자원과 세일즈맨의 경험, 고객과의 소통 능력, 관계 형성 능력, 추진력, 고객과의 갈등 해결 능력 등 눈에 보이지 않는 자원으로 구분할 수 있다.

세일즈맨의 자원이 전부 모아지면 세일즈매니저는 자원 활용 방법에 대해 세일즈맨과 상의할 필요가 있다. 반드시 세일즈맨과 함께 방법을 찾아야 한다. 세일즈맨의 자원을 활용할 사람은 세일즈맨 자신이기 때문이다. 세일즈매니저가 아무리 좋은 대안을 제시하더라도 세일즈맨의 능력 범위를 넘어서면 그 방법은 소용이 없다. 세일즈맨의 능력 안에서 가장 탁월한 성과를 낼 수 있는 방법을 같이 찾게 되면, 세일즈맨은 실적으로 연결할 가능성이 높아지게 된다.

세일즈맨이 가지고 있는 자원을 제대로 활용하기 위해서는 세일즈맨의 능력 향상이 필요하다. 능력이 뛰어난 요리사는 재료가 부족하더라도 맛있는 요리를 할 수 있지만 능력이 떨어지는 요리사는 충분한 재료가 있더라도 제대로 된 요리를 만들지 못한다. 요리사와 마찬가지로 세일즈맨의 능력에 따라 자신의 자원을 활용할 수 있는 정도가 달라진다. 세일즈맨의 부족한 능력을 보완해 세일즈맨의 자원을 충분하게 활용할 수 있도록 도와주는 사람이 세일즈매니저이다.

세일즈맨은 세일즈매니저가 자신에게 도움이 된다고 생각하면 세일즈매니저에게 도움을 요청한다. 세일즈매니저의 도움을 받아 성과를 올린 경험이 있는 세일즈맨은 적극적으로 세일즈매니저를 찾게 된다. 세일즈매니저와 함께 하기를 꺼리던 세일즈맨도 동료가 세일즈매니저와 함께 방법을 찾아 성공하는 모습을 보게 되면 요청하지 않더라도 먼저 세일즈매니저에게 자신의 모든 것을 꺼내놓고 도움을 도움을 요청하게 된다. 세일즈매니저와 세일즈맨이 함께 문제를 해결하게 되면 '파트너 관계'임을 확인하게 된다.

6

'지시'를 줄이고 세일즈맨 스스로 행동하게 한다

"어떻게 하면 세일즈맨의 활동을 통제할 수 있는 시스템을 구축할
수 있을까요?"

예전에 세일즈 회사의 담당자로부터 받은 질문이다. 대부분의
회사에서는 세일즈맨의 활동이력을 관리하는 시스템이 구축되어
있다. 시스템을 만든 목적은 세일즈맨 스스로 자신의 활동을 관
리해 세일즈 성과를 높이려는 목적이다.

"만약 회사에서 당신에게 하고 있는 모든 업무를 기록하라고 지시
하면 어떻게 하겠습니까?"

이 질문에 대해 어떤 대답을 하겠는가? 주저하지 않고 "예, 하
겠습니다."라고 대답하는 사람보다 "자료 입력이 너무 힘들다." 혹
은 "입력하는데 시간이 많이 걸려 업무할 시간이 부족해진다."와
같은 말로 거부 의사를 나타내는 사람이 많을 것이다.

사람은 누구나 다른 사람의 간섭보다는 자신이 원하는 대로 행동하고 싶어 한다. '하던 짓도 멍석 펴면 하지 않는다.'는 속담처럼 다른 사람의 지시대로 움직이는 것을 좋아하는 사람은 없다. 세일즈매니저가 세일즈맨에게 지시하기 시작하면 처음에는 효과가 있을 수 있지만 시간이 지날수록 지시해야 하는 것들이 늘어나 업무를 수행하기 어려워진다.

세일즈매니저는 업무효율성을 높이기 위해 세일즈맨에게 하는 지시를 줄여야 한다. 세일즈매니저는 지시 대신 세일즈맨 스스로 성과를 높일 수 있는 방법을 찾도록 도와줄 필요가 있다. 이렇게 되면 세일즈매니저는 세일즈맨에게 지시하기 위해 고민해야 하는 시간을 줄일 수 있고, 세일즈맨은 자신이 세운 계획을 달성하기 위해 책임감을 가지고 행동하게 된다.

세일즈에서 가장 중요한 것은 세일즈맨의 자발적인 행동이다. 세일즈매니저가 세일즈맨의 행동을 자신의 의사대로 움직이도록 만들 수 있는 곳은 사무실뿐이다. 사무실 밖으로 나간 다음에는 세일즈맨의 움직임에 대해 믿고 맡길 수밖에 없다. 세일즈매니저는 세일즈맨을 성장시키기 위해 세일즈맨 스스로 자신의 책임 아래 계획을 세우고 활동할 수 있는 환경을 마련해주어야 한다.

요리를 배우기 위해 요리학원에 등록했다. 학원에서 강사는 수강생에게 재료를 다듬는 방법, 양념을 만드는 방법 등 요리와 관련된 기본적인 이론을 가르친다. 이런 기본과정을 마치고 나면 재료들을 사용해 요리를 만드는 방법을 알려준다. 강사의 지시가 자세할수록 수강생은 강사의 수준과 비슷한 요리를 만들 가능성이 높다. 강사의 지시대로 만든 요리로 수강생의 실력을 평가하기는 어렵다. 수강생의 진정한 요리 실력은 강사의 도움 없이 혼자 만드는 요리의 수준에 따라 결정된다.

강사가 수강생에게 조리방법을 세세하게 알려주는 것이 수강생의 실력 향상에 항상 도움이 되지는 않는다. 처음 배우는 사람에게는 강사가 자세하게 알려줄수록 도움이 되지만 어느 정도 배운 사람에게는 스스로 응용해 요리할 수 있도록 할 필요가 있다. 주어진 재료를 가지고 상황에 맞는 요리를 할 수 있어야 실생활에서 제대로 활용할 수 있다.

세일즈도 요리와 마찬가지이다. 처음 세일즈를 시작하는 사람에게는 세일즈 방법을 자세하게 알려주어야 한다. 고객을 만나 인사하는 방법부터 시작해 상품 설명, 계약서 작성 방법과 계약 후 관리까지 모든 내용을 알려주어야 한다. 이렇게 하고 난 다음 세일즈매니저가 해야 할 일은 세일즈맨이 배운 내용을 제대로 활용할 수 있도록 돕는 것이다.

사람이 자신의 능력을 최대한 발휘하기 위해서는 시간과 경험이 필요하다. 요리학원의 실습시간은 정해져 있어 수강생이 수강생이 진도를 맞추지 못하면 강사가 도움을 준다. 강사의 도움을 받는 수강생은 '내가 한 것보다 맛있는 요리를 먹겠네.'라고 좋아할 수 있지만 이것은 자신의 능력이 아니라 강사의 능력이다.

수강생이 강사의 도움을 많이 받을수록 자신의 요리 실력을 향상시킬 수 있는 기회는 줄어든다. 세일즈는 세일즈맨이 한다.

세일즈매니저가 아무리 좋은 방법을 알려주더라도 실행하는 사람은 세일즈맨이다. 요리 강사의 능력이 수강생의 능력이 아닌 것처럼 세일즈매니저의 방법대로 세일즈맨이 활동하기는 어렵다.

세일즈매니저는 세일즈맨이 자신의 능력을 깨닫고 세일즈에 활용하면서 성과를 낼 수 있도록 기다려줘야 한다. 세일즈매니저는 세일즈맨의 실적이 자신의 평가에 미치는 영향이 클수록 세일즈맨의 움직임에 민감해진다. '저렇게 하면 내 목표를 달성하기 어려운데……'와 같은 생각이 들면 마음이 급해져 세일즈맨에게 활동을 재촉하게 된다.

하지만 세일즈맨은 세일즈매니저의 이런 애타는 마음을 알리가 없어 자신의 계획대로 움직이게 된다. 세일즈매니저는 세일즈맨의 이런 모습에 '내 말을 무시해. 어디 한 번 두고 보자.'와 같은 생각을 하면서 세일즈맨에게 부정적인 피드백을 하게 되고, 세일즈맨의 행동에 간섭하게 된다. 세일즈매니저의 간섭은 시간이 지날수록 양이 많아지고 구체적이 된다. 처음에는 "활동을 열심히 하세요."와 같은 말이 전부이지만 시간이 지나면서 "아침 10시 전에 고객을 만나러 나가세요.", "하루에 거래처를 3곳 이상 방문하세요." 혹은 "거래처를 방문하고 반드시 활동 내용을 입력하고 퇴근하세요."와 같은 지시가 점점 많아지게 된다.

요리를 배우려는 수강생과 세일즈맨의 태도에도 큰 차이가 있다. 요리 수강생은 자신이 비용을 지불하고 수업을 듣고 있다. 수업을 제대로 듣지 않으면 자신이 손해라는 것을 알고 있어 '수강료만큼 얻어가야 한다.'는 생각에 요리 강사 이상의 열정을 가지고 적극적으로 배우려고 하지만 세일즈맨의 경우 지불하는 수업료가 없다. 언제든지 세일즈를 그만두더라도 세일즈맨에게 미치는 영향을 크지 않다. 만약 세일즈를 시작하려는 사람에게 일정 금액을 수업료로 받고 시작한다면 어떤 변화가 있을까?

아마도 세일즈맨 모두가 손해를 보지 않기 위해 열심히 활동할 것이다.

맛있는 요리가 되기까지는 시간이 필요하듯이 세일즈매니저가 세일즈맨을 양성하기까지는 상당히 오랜 시간이 필요하다.

이 시간 동안 세일즈매니저는 세일즈맨 스스로 계획을 세우고 활동할 수 있는 역량을 길러주어야 한다. 능동적인 세일즈맨을 육성하기 위해 세일즈매니저는 가급적 지시를 줄이고 세일즈맨 스스로 계획을 세우고 활동할 수 있는 분위기를 만들 필요가 있다.

처음에는 세일즈맨의 계획이 성에 차지 않겠지만 시간이 지날수록 많은 세일즈맨들이 자신에게 적합한 방법으로 활동하는 모습을 보게 될 것이다.

7

세일즈를 즐기는 세일즈맨의 성과가 높다

'천재는 노력하는 사람을 이길 수 없고, 노력하는 사람은 즐기는 사람을 이길 수 없다.'는 말이 있다. 세일즈에 소질이 있고, 주변의 인적 자원이 풍부해 성공이 확실해 보이는 사람을 골라 뽑더라도 세일즈를 즐기지 못하는 사람은 지속적으로 성과를 내기가 힘들다. 세일즈매니저의 기대에 부응해 초반에는 열심히 하지만 어느 순간 에너지가 고갈되면서 더 이상 활동하기 어려운 상황을 맞이하고, 세일즈를 포기하는 경우도 생긴다.

세일즈맨이 세일즈 성과를 높이기 위해서는 즐겁게 일해야 한다. 세일즈맨이 '오늘 실적을 올리지 못하면 세일즈매니저에게 혼날 텐데⋯⋯.'라는 생각을 하면 부담이 생기면서 스트레스를 받게 된다. 세일즈맨이 스트레스를 받으면 고객에게 압박을 가하게 된다. 물론 고객에게 가하는 적절한 압박은 계약을 촉진하는 긍정적인 효과도 있지만 대부분의 경우 고객과의 관계에 부정적인 영향을 미쳐 고객을 잃게 만드는 주요 원인이 된다.

모든 사람은 편하게 만날 수 있는 사람을 선호한다. 세일즈맨이 고객을 만날 때마다 계약에 대한 부담을 주면 고객은 세일즈맨과의 만남을 피하게 된다. 세일즈맨이 고객을 만나지 못하면 계약도 불가능하다. 세일즈맨 또한 마찬가지이다. 세일즈매니저가 세일즈맨을 볼 때마다 실적에 대한 부담을 주면 세일즈맨은 '아, 정말 부담되네.'라는 생각과 함께 세일즈매니저를 피하게 된다.

세일즈맨이 세일즈를 하는 목적은 '실적' 향상이다. 세일즈맨 중 성과를 내기 싫어하는 사람은 없지만 계약을 성공시키는 방법을 모르는 사람은 많다. 외국어를 모르는 사람에게 외국인과 대화하라고 아무리 윽박질러도 대화는 불가능하다. 세일즈 방법을 모르는 세일즈맨에게 실적을 강요하면 스트레스만 쌓이게 할 뿐이다.

세일즈는 게임처럼 즐거워야 한다. 즐거운 게임은 재미가 있고 오랫동안 싫증내지 않고 할 수 있다. 세일즈도 마찬가지이다.

세일즈를 즐기는 세일즈맨이 고객을 편안하게 만들고 오랫동안 관계를 유지하고 높은 성과를 낼 수 있다.

CHAPTER 3

긍정적인 생각이
성과를 높인다

경기가 나빠져 회사의 상황이 굉장히 어렵게 되었다. 사장은 회사를 살리기 위해 자신의 모든 재산을 투자하는 등 적극적으로 노력한다. 하지만 일부 직원은 퇴직금이라도 받겠다고 회사를 그만두기도 한다. 회사의 제품에 문제가 있다는 방송보도가 있었다면 경영진과 세일즈맨의 반응은 어떨까?

경영진	세일즈맨
• 회사의 존망이 걸린 심각한 문제로 인식 • 회사의 이미지 실추를 막기 위해 다양한 노력을 함.	• 고객들로부터 항의를 받을까 두려워 함. • 자신의 실적에 영향을 받지 않기를 바람.

경영진과 세일즈맨의 반응이 다를 가능성이 높다. 같은 상황에서 사람마다 다른 반응을 보이는 원인은 경험, 역할과 태도 그리고 세계관 등이다.

세일즈매니저는 모든 세일즈맨들이 자신의 계획대로 움직이기를 바라면서 많은 지시를 한다. 하지만 자신의 바람과는 달리 실망하는 경우가 더 많다. 이런 상황을 피하고 세일즈맨에게 동기를 부여하기 위해서는 자신의 말이 세일즈맨에게 전달되는 과정을 이해할 필요가 있다.

1

경험이나 정보의 차이가
반응을 다르게 한다

영화 '동막골'에서 옥수수 창고에서 수류탄이 폭발하면서 옥수수가 팝콘으로 변해 하늘에서 떨어지는 장면을 인상 깊게 기억하는 사람들이 많다. 국군과 북한군이 무기를 겨눈 채 대치하던 중 졸던 북한군 한 명이 수류탄을 땅에 떨어뜨리게 되고, 이를 목격한 국군 장교가 주변에 있던 사람들을 보호하기 위해 몸으로 수류탄을 감싸 안았다. 한참 지난 다음에도 수류탄이 터지지 않자 국군 장교는 긴장을 풀면서 수류탄을 자신의 뒤쪽에 있던 창고로 수류탄을 던졌는데 그곳에서 수류탄이 터졌다.

이 상황에서 군인들과 민간인들의 반응은 완전히 다르다.

국군과 북한군 모두는 수류탄으로부터 자신들을 보호하기 위해 급하게 몸을 던져 피하는 반면 민간인들은 군인들과 달리 아무런 반응을 보이지 않고 있다. 오히려 군인들의 행동을 이해할 수 없다는 표정으로 "선생님, 무슨 일 있어요?"라고 묻는 학생도 있다.

이렇게 군인과 민간인이 서로 다른 반응을 보이는 이유는 '경험 혹은 정보의 차이' 때문이다. 군인들은 수류탄의 위험을 알기에 재빨리 피했다. 하지만 민간인들은 수류탄에 대한 정보가 전혀 없어 수류탄의 위험을 알지 못했고, 피해야 할 이유도 없었다.

수류탄에 대한 정보의 차이가 군인과 민간인을 다르게 반응하도록 만들었다.

경험이나 정보의 차이가 같은 자극에 대해 다른 반응을 만드는 원인이 된다. 자극에 대해 반응을 보이는 과정은 다음과 같다.

외부로부터 자극을 받으면 자극에 대한 다양한 정보를 수집하게 된다. 수집된 정보를 해석하고, 해석된 정보를 바탕으로 자신에게 미치는 영향을 평가하게 된다. 이렇게 만들어진 평가 결과를 바탕으로 자신이 선택할 수 있는 방법에 따라 반응하게 된다.

이런 반응의 차이는 일상에서도 빈번하게 일어난다. 늦은 밤 집으로 가기 위해 어두운 밤길을 혼자 걷고 있는데 자신을 뒤따라오는 사람이 있다. 뒷사람의 발자국 소리와 같은 '소리'가 들리면 그 소리에 대한 정보를 수집하게 된다. 수집된 소리를 분석한 결과 '사람의 발자국 소리'로 판명되면 '그 사람이 자신에게 미칠 영향'에 대한 평가를 하게 된다. 이 평가 결과에 따라 다른 반응을 보이게 된다. '모르는 사람이 나를 따라오는 것 같다.'고 판단되면 혹시 있을지도 모를 위험에서 벗어나기 위해 발걸음을 빨리하거나 뛰어서 집으로 간다. 반면 '발자국 소리가 익숙하다'고 생각되면 뒤를 돌아보면서 누군지 확인하기도 한다.

밤에 낯선 사람으로부터 피해를 당한 경험이 있는 사람은 뒤에서 사람이 따라오는 기척이 들리면 뒷사람과 멀어지기 위해 뛰다시피 하면서 집으로 가게 된다. 반면 위험한 상황이 없었던 사람은 뒤에 사람이 따라오더라도 별다른 반응을 보이지 않는다.

또한 뒤에서 오는 사람이 아는 사람이라면 반갑게 인사를 하는 등 또 다른 반응을 보이게 된다.

성과를 내는 세일즈매니저는 무엇이 다른가

2

과거의 경험이 현재에 영향을 미친다

　사람들은 과거에 있었던 사건의 영향을 받으면서 살고 있다. 물에 빠져 고통스러운 경험을 한 사람은 물을 보면 피하게 된다. 이런 사람은 수심이 얕은 수영장에서의 물놀이도 꺼리게 된다. 이처럼 과거에 경험했던 사건의 영향이 심각할수록 오랫동안 기억되고 행동에도 영향을 미치게 된다. 자신이 직접 경험한 사건뿐만 아니라 주변 사람들의 간접 경험도 현재의 행동에 영향을 미친다.

　세일즈맨의 다양한 경험들은 세일즈 활동에 많은 영향을 미치게 된다. 세일즈를 시작하면서 '고객이 거절하면 어쩌지?'라고 걱정을 하면서 처음으로 방문한 고객이 세일즈맨을 따뜻하게 맞이할 수도 있고 냉정하게 거절할 수도 있다. 세일즈맨의 걱정과는 달리 고객이 자신을 따뜻하게 맞이하면 '고객이 나를 반겨주는구나.'라고 안심하게 된다. 세일즈맨의 이런 긍정적인 경험은 다른 고객과의 만남에도 도움이 된다. 반면 처음 만난 고객이 자신을 냉정하게 대하면 세일즈맨은 '고객이 나를 싫어하는 것이 확실하다'는 생각을 하게 되면서 다음 고객을 만날 때도 자신 없는 태도를 고객에게 보이게 된다. 세일즈맨의 이런 태도는 고객으로부터 거절당할 가능성을 높인다. 고객으로부터의 거절이 몇 번 반복되면 자신감을 잃게 되면서 세일즈를 그만 두는 경우도 있다.

■ 성공 경험이 성공한 세일즈맨을 만든다

세일즈맨에게 성공 경험은 중요하다. 세일즈매니저는 세일즈맨과의 대화에서 다양한 '성공 경험'을 발견할 필요가 있다. 성공 경험은 유명인들의 영웅담일 필요는 없다. 아주 사소한 사례도 도움이 된다.

세일즈맨의 성공 경험이 필요한 이유가 몇 가지 있다. 첫째, 세일즈맨은 자신의 성공 경험을 세일즈에 활용할 수도 있다. 세일즈맨의 성공 사례가 다양할수록 세일즈에 활용할 수 있는 방법들이 많아진다. 둘째, 세일즈에 대한 자신감이 높아진다. 세일즈맨이 실패하는 이유 중 하나는 자신감 부족이다. 자신감은 고객과의 신뢰 관계 형성에 영향을 준다. 고객은 자신이 신뢰할 수 있는 사람으로부터 제품을 구입하고 싶어 한다. 고객을 피하는 세일즈맨은 고객의 신뢰를 얻을 수 없다. 고객의 신뢰를 잃은 세일즈맨의 성과가 높을 수가 없다.

세일즈맨에게 성공 경험은 세일즈 활동에 많은 영향을 미치게 된다. 다른 사람들과 잘 어울렸던 세일즈맨은 고객과도 친화력을 발휘할 수 있지만 다른 사람으로부터 마음의 상처를 받았던 사람은 낯선 고객과의 만남이 두려울 수 있다.

■ 세일즈맨의 성공에 많은 영향을 주는 세일즈매니저

세일즈를 처음 시작하는 사람에게 세일즈매니저가 미치는 영향은 크다. 세일즈를 처음 시작한 사람은 세일즈매니저와 관계를 형성하는 과정에서 많은 영향을 받는다. 처음 세일즈를 시작한 A와 B가 있다. A가 속한 조직의 세일즈매니저는 A를 진정으로 아껴주고 지지해주면서 A가 잘 적응하도록 도와주고 있다. A의 부족한 부분이 보이면 조용히 A를 불러 세일즈 방법을 A가 알아듣도록 차분하게 설명하는 등 A의 성장을 위해 충분한 시간을 할애해 주었다. 반면 B가 속한 부서의 세일즈매니저는 B의 행동 하나하나에 반응하면서 B의 부족한 부분을 계속 지적하고 즉시 행동의 수정이 일어나지 않으면 불러서 호통을 치곤했다. 3년 정도 지난 다음 두 사람의 모습은 어떻게 변해 있을까? 아마도 A는 '세일즈매니저는 세일즈맨을 충분히 배려하고 격려해주는 든든한 버팀목'이라고 생각하는 반면, B는 '세일즈매니저는 세일즈맨을 괴롭히는 인간'이라고 생각할 가능성이 높다.

구분	A	B
생각	• 세일즈매니저는 세일즈맨의 든든한 버팀목이다. • 업무에서 어려움이 있으면 언제든지 도움을 받을 수 있다.	• 세일즈매니저는 세일즈맨을 괴롭히는 사람이다. • 세일즈매니저를 항상 멀리해야 한다.
감정	• 편안하고, 친근하고, 긴장이 풀리는	• 불안한, 불편한, 신경 쓰이는
행동	• 세일즈매니저를 존경하고 편안하게 대한다. • 먼저 세일즈매니저에게 다가간다. • 업무를 적극적이고 능동적으로 일을 한다.	• 가급적 세일즈매니저와 함께 하는 시간을 줄인다. • 세일즈매니저에게 책망을 듣지 않기 위해 적극적으로 행동을 하기 보다는 세일즈매니저가 시키는 일만 하는 소극적인 태도를 취한다.

■ 역할의 차이가 다른 반응을 만든다

세일즈매니저와 세일즈맨은 역할이 다르다. 역할의 차이도 다른 반응을 보이게 만드는 중요한 원인이 된다. 세일즈매니저는 모든 세일즈맨에게 적절한 관심을 나누어주어야 한다. 세일즈맨은 자신이 필요한 때 필요한 만큼의 관심과 도움을 바라지만 세일즈매니저로부터 자신이 원하는 만큼의 도움을 받지 못할 수도 있다. 세일즈맨은 세일즈매니저의 이런 행동에 대해 '세일즈매니저가 나에게 관심이 없다'고 일방적으로 판단하면서 세일즈매니저에게 서운한 마음을 가질 수도 있다.

성과를 내는 세일즈매니저는 무엇이 다른가

역할이나 경험의 차이가 같은 자극에 대해 사람마다 다른 반응을 만들어낸다. 성장 배경, 일하는 목적 등이 다른 사람이 서로 다르게 생각하고 행동하는 것은 당연하다. 다른 사람이 나와 다른 반응을 보일 때 '저 사람은 나와 생각이 다르구나'라고 생각하면서 편안하고 여유롭게 반응할 필요가 있다.

세일즈가 처음인 사람들은 다른 사람에게 제품을 판매한 경험이 없는 사람이다. 세일즈매니저는 세일즈맨이 자신이 하는 말을 이해하고 자신이 원하는 대로 실행하지 못한다고 생각해야 한다. 그렇지 않으면 세일즈매니저는 초보 세일즈맨에게 자신의 뜻대로 움직이도록 강요할 수 있는데, 이것은 세일즈맨의 성장을 가로막을 수 있는 결과를 가져올 수 있다.

세일즈맨의 성과에 영향을 미치는 반응은?

과거의 경험이나 기억이 지금의 행동에 영향을 미친다. 많은 사람들이 몸에 문신이 있는 사람을 꺼려하거나 무서워하는데 과거에 문신을 한 사람들이 대부분 조직폭력배였기 때문이다. 지금도 몸에 문신이 있는 사람을 만나면 가장 먼저 '조직폭력배'를 떠올리면서 피하게 된다. 이처럼 사람들은 자신도 모르게 과거에 만났던 사람의 영향을 받고 있다.

사람들은 과거 경험을 바탕으로 주변 사람들의 행동에 대해 추측을 한다. 세일즈매니저도 과거 경험을 바탕으로 자신과 함께하는 세일즈맨의 행동에 대해 추측하게 된다. 하지만 세일즈매니저가 세일즈맨의 행동에 대해 추측할수록 좌절할 가능성이 크다. 지금 만나고 있는 세일즈맨이 세일즈매니저의 추측대로 움직이지 않을 가능성이 높기 때문이다.

■ 세일즈 실적과 반비례, 반사적 반응

"또 저 사람이야?!"

"이 회사 사람들은 왜 다 저 모양이야?"

"이 회사 제품은 좋은데 세일즈맨이 별로야."

이런 말들은 다른 사람을 평가하거나 비난할 때 흔히 사용되는 말이다. 이런 부정적인 평가의 대상은 주로 상대방의 행동보다는 상대방의 성격, 연령이나 성별 등 그 사람 자체가 된다.

세일즈매니저는 자신만의 '세계관'을 가지고 세일즈맨을 대하고 있다. 자신의 세계관에 적합한 세일즈맨은 우호적으로 대하지만 그렇지 않은 세일즈맨에게는 부정적인 태도를 보이게 된다.

세일즈매니저가 세일즈맨을 부정적으로 보기 시작하면 '옷 입은 게 뭐 저래?', '저것도 농담이라고……'와 같이 세일즈맨의 모든 것이 다 못마땅하게 생각된다.

'옷 입은 게 뭐 저래?'와 같은 세일즈매니저의 부정적인 생각은 자신에게 아무런 영향도 미치지 않는 세일즈맨의 외모를 비난하는 것이다. 세일즈매니저가 부정적인 태도로 세일즈맨을 대하면 세일즈맨은 자신에 대한 세일즈매니저의 편견을 알게 된다.

세일즈맨 또한 세일즈매니저를 보면서 '자기가 뭔데 나를 함부로 대하는 거야'와 같은 부정적인 생각을 하게 된다. 세일즈매니저와 세일즈맨 사이에서 부정적인 반응이 반복될수록 서로의 관계는 적대적으로 변하고 서로에 대한 적개심만 커지게 된다.

세일즈매니저가 세일즈맨을 부정적인 시선으로 바라보면 마음에 들지 않는 모습을 계속해서 찾을 수 있다. 심지어 '머리가 저게 뭐야?' 혹은 '유유상종이라고 저런 친구를 사귀니 실적이 그 모양이지!'와 같이 업무와는 전혀 상관없는 것으로 세일즈맨을 공격하게 된다. 세일즈매니저의 이런 태도는 자신이나 조직에 아무런 도움이 되지 않는다.

세일즈매니저가 세일즈맨을 비난하기 시작하면 세일즈매니저는 스트레스 상태가 된다. 스트레스 상태가 되면 눈앞에 있는 사람을 '적'으로 인식하게 된다. '적'은 자신을 공격할 수 있기 때문에 적으로부터 자신을 보호하기 위해 무력을 사용해서라도 세일즈맨을 제압하려고 한다. 스트레스 상태에서 폭력 등이 많이 발생하는 이유가 여기에 있다. 세일즈매니저가 세일즈맨에게 화를 내거나 자신의 지위를 이용해 협박하는 것 등이 세일즈매니저가 사용할 수 있는 '무력'이다. 이런 상태에서 세일즈매니저는 이성적으로 판단하고 행동하기가 어렵다.

세일즈매니저가 세일즈맨의 행동보다는 세일즈맨의 외모, 성격이나 태도 등에 초점을 두고 행동하는 것을 '반사적 반응' 혹은 '감정적 반응'이라고 한다. 상대방이 화를 낼 때 상대방과 같이 화를 내고 싸울 준비를 하는 것도 '반사적 반응'에 해당한다.

초점	세일즈맨의 성격, 성별, 외모 등
결과	폭력, 파괴, 단계 단절, 갈등 발생

앞에서 설명한 것처럼 사람은 어떤 자극을 받으면 그 자극에 대해 이해와 해석을 거쳐 평가를 한 다음 행동하게 된다. 반사적 반응을 한다는 의미는 세일즈맨의 행동에 대해 이해와 해석 과정을 거치지 않은 채 평가하기 때문에 일어난다. 일상생활에서 만들어지는 대부분의 갈등은 '반사적 반응'으로 인해 발생한다. 따라서 세일즈매니저는 조직에서 발생하는 갈등을 예방하고 해결하기 위해서는 반사적 반응을 줄일 필요가 있다.

■ 여유를 갖게 하는 의식적 반응

반사적 반응은 누구라도 할 수 있다. 반사적 반응은 아주 어린 꼬마부터 나이 지긋하신 분들까지 아무나 사용할 수 있지만 사용하고 난 다음에는 엄청난 대가가 따른다. 조직을 운영해야 하는 세일즈매니저는 반사적 반응의 유혹에서 벗어나야 한다.

자신이 세일즈맨과의 관계를 해치지 않도록 의식적으로 노력할 필요가 있다.

의식적 반응은 반사적 반응과는 달리 자신에게 영향을 미치고 있는 '세일즈맨의 행동'에 관심을 두는 것이다. 의식적 반응은 '세일즈맨의 행동에는 이유가 있다'고 생각해 세일즈맨이 그런 행동을 하게 된 원인에 대해 궁금해 하는 것이다.

'의식적 반응'을 하게 되면 '무슨 일이 저 사람을 저렇게 만들었을까?' '저 사람은 무엇 때문에 저런 행동을 할까?'와 같은 호기심이 생긴다. 이런 호기심은 문제 해결에 집중할 수 있는 마음의 여유를 가질 수 있게 하고 문제를 해결할 수 있는 방법을 찾을 수 있게 한다.

[의식적 반응]

초점	세일즈맨의 행동의 원인
결과	세일즈맨 행동의 원인 파악, 해결 방법 탐색, 관계 개선

■ 반사적 반응과 의식적 반응의 차이

다음과 같은 상황에서 어떻게 행동하겠는가?

급한 업무가 생겨 지방으로 급하게 차를 몰고 가다가 신호에 걸렸다. 잠시 후 신호가 바뀌었는데도 앞차가 출발하지 않는다.

구분	반사적 반응	의식적 반응
생각	• 신호가 바뀌었는데 출발하지 않고 뭐 하는 거야? • 운전을 제대로 못하면 차를 몰고 나오지 말아야지.	• 저 사람이 출발하지 못하는 이유는 무엇일까? • 무슨 일이 저 사람을 곤란하게 만들어 저 상황을 만들었을까?
감정	• 화가 나고, 초조하고, 답답하다	• 걱정되고, 진정이 되는,
행동	• 경적을 울린다. • 앞차 운전자에게 욕을 하거나 이 길로 들어선 자신이나 이런 상황을 만나게 만든 사람들에게 욕을 한다. • 무리하게 차선을 변경하려고 시도한다.	• 차분히 기다려준다. • 도와주기 위해 앞차 옆으로 다가간다.

앞차를 운전하는 사람은 자신의 목적이 달성되기 전까지는 차를 움직이지 않을 가능성이 높다. 예를 들어 신호가 직진 신호로 바뀌었는데 움직이지 않는 경우 운전자가 한 눈 파느라 신호를 보지 못했을 가능성이 높다. 하지만 반드시 이런 이유만은 아니다. 차가 고장 났거나 차에 탄 사람들이 싸우느라 움직이지 않는 경우도 있다. 이런 경우 뒤에서 아무리 경적을 울려도 앞차의 운전자는 뒤차 운전자의 바람대로 행동하지 않는다. 오히려 경적을 울리면서 화를 낼수록 자신의 혈압은 올라가고 무리하게 차선을 변경하다 사고가 날 가능성만 높아진다.

직장에서도 마찬가지이다. 근무 시간 내내 세일즈맨을 미워하면서 퇴근 후에 술자리에서까지 세일즈맨을 비난하는 세일즈매니저들을 자주 만난다. 많은 세일즈매니저들이 자신과 함께 일하는 세일즈맨들을 비난하면서 술을 마신다. 하지만 그 자리에 없는 세일즈맨에 대해 아무리 많은 말을 하더라도 세일즈맨의 변화는 기대할 수 없다. 오히려 세일즈맨에 대한 좋지 않은 기억만 떠올리게 되면서 세일즈맨이 '자신에게 도움이 되지 않은 사람'임을 확인하게 만들뿐이다.

이런 식의 술자리는 후유증이 남는다. 미워하는 세일즈맨을 욕하는 동안 속이 시원해지는 것을 느낄 수 있지만 그 기분은 일시적이다. 술자리에서 느낀 감정의 찌꺼기는 고스란히 가족에게 전해져 가족과의 관계를 해치게 되는 등 비난의 후유증은 오랫동안 남게 된다. 이처럼 반사적 반응은 주변 사람들과의 관계를 망치고 갈등을 키울 뿐 아무런 긍정적인 결과를 만들지 못한다.

'의식적 반응'은 자신을 보호하고 주변 사람들과의 관계를 돈독하게 만들 수 있는 효과적인 방법이다. 예를 들어 세일즈매니저가 자신의 상사로부터 야단을 맞고 있다. 상사로부터 야단을 맞는 그 순간이 편한 사람은 아무도 없다. 이 순간을 자신이 성장할 수 있는 기회로 만들 것인지 상사와 불편한 관계로 남을지 여부는 세일즈매니저의 결정에 달려있다. 상사를 향해 '또 시작됐네'라고 생각하면 불만이 생기고 불편한 관계로 남게 된다. 하지만

'내가 좀 더 잘하기를 바라는구나'라고 생각하면 상사의 질책에 반발하기보다는 오히려 감사한 마음이 든다.

의식적 반응의 또 다른 장점은 '평정심 유지'이다. 인간관계를 해칠 수 있는 가장 쉬운 방법은 상대방에게 화를 내는 것이다.

세일즈매니저가 세일즈맨에게 화를 내는 순간 두 사람 사이에는 불신의 벽이 만들어진다. 불신의 벽은 세우기는 쉬워도 허물기 위해서는 많은 시간과 노력이 필요하다. 어떤 경우에는 영원히 허물지 못할 수도 있다.

세일즈매니저가 세일즈맨을 이해하기 위해 의식적으로 노력한다면 세일즈맨과의 관계는 놀랍도록 개선될 수 있다. 그 결과 세일즈매니저의 마음은 평화롭고 업무에 집중할 수 있고 세일즈맨의 성과도 저절로 높아질 것이다.

■ 의식적 반응은 세일즈 성과를 높인다

세일즈 조직에서 세일즈매니저나 세일즈맨의 반사적 반응이 갈등을 만드는 주된 원인이 된다. 상대방이 하는 말이나 행동의 의도를 이해하지 않는 반사적 반응을 하면 상대방 역시 '뭐 이런 사람이 다 있어?'와 같은 생각을 하면서 반사적 반응을 하게 된다. 이런 반사적 반응들이 쌓이면서 두 사람 사이에는 갈등의 골이 깊어진다.

세일즈매니저와 세일즈맨 사이에 만들어진 갈등을 해결하기 위해서는 반사적 반응으로 인한 마음의 상처를 치유하는 과정을 거쳐야 한다. 외상 등으로 인한 부상 부위가 클수록 회복에 더 많은 시간이 걸리는 것처럼 반사적 반응을 한 시간이 길수록 관계 회복에는 많은 시간이 필요하다.

세일즈매니저의 말이나 행동은 세일즈맨에게 어떤 형태로든 영향을 미치게 된다. 세일즈매니저가 반사적 반응을 하게 되면 세일즈맨 또한 고객이나 동료에게 반사적 반응을 하게 된다. 반사적 반응은 세일즈 성과를 기대하기 어렵게 만들지만 문제 해결에 집중하는 의식적 반응은 성과를 높이는 효과적인 방법이다.

4

슬럼프에 빠진 세일즈맨 구하기

■ 슬럼프와 능력부족은 다르다

'운동선수가 슬럼프에 빠져 어려움을 겪고 있다'는 기사를 언론 매체에서 자주 접하게 된다. '슬럼프'란 말은 주로 운동선수를 대상으로 사용되지만 세일즈맨처럼 감정노동을 하는 사람 역시 슬럼프에 빠질 수 있다. 사무직은 슬럼프를 겪더라도 주변에 미치는 영향이 상대적으로 크지 않지만 세일즈맨의 경우는 다르다. 세일즈맨의 슬럼프는 실적에 직접적인 영향을 미치게 된다.

'슬럼프'와 '능력 부족'을 동일하게 인식하는 경우가 많지만 실제로는 다른 말이다. 사람은 기계와 달리 업무를 하는 과정에서 항상 같은 수준의 에너지를 사용할 수 없다. 피곤하거나 주변 사람들과의 갈등 등으로 인해 에너지가 고갈될 수 있다. 이럴 때 휴식을 취하면서 소진된 에너지를 보충해야 하지만 세일즈의 특성상 세일즈맨은 온전하게 쉴 수가 없다. 피곤한 상태에서 성과를 내기란 쉽지 않다. 자신의 기대만큼 성과가 나오지 않으면 '나의 한계가 여기까지인가보다.'라는 생각을 하면서 스스로 자신감을 잃게 된다.

세일즈맨이 슬럼프에서 빠져나오지 못하게 만드는 이유 중 하나는 세일즈매니저이다. 세일즈매니저는 실적이 떨어지는 세일즈맨을 '경계'하기 시작한다. '열심히 활동하면 세일즈 성과는 올라간다.'는 믿음을 갖고 있는 세일즈매니저는 '세일즈맨의 성과가 떨어졌다.'를 '활동을 제대로 하지 않고 있다'와 같은 뜻으로 받아들여 세일즈맨에게 활동을 재촉하기 시작한다.

세일즈매니저의 무리한 활동 재촉은 두 가지 부작용을 낳는다. 첫 번째 부작용은 세일즈를 그만두게 만드는 것이다. 특히 세일즈매니저가 실적이 부진한 세일즈맨에게 '죄책감이나 미안함'을 느끼게 만들면 세일즈맨이 세일즈를 포기하는 속도가 빨라진다. "활동을 제대로 하지 않으면서 자리만 차지하는 사람이 있습니다."와 같은 말을 공개적으로 하면 세일즈맨은 자신을 '자리만 차지하는 사람'으로 받아들이면서 '조직에 도움이 되지 않는 쓸모없는 사람'이라고 인식하게 된다. 조직의 성과를 위해 노력했지만 '쓸모없는 사람'이라고 평가를 받게 되면 더 이상 활동하기 어렵게 된다.

두 번째 부작용은 더 깊은 슬럼프에 빠지게 만드는 것이다.

세일즈맨은 실적이 부진해지기 시작하면 마음이 급해진다.

실적부진의 원인을 제대로 파악하고 해결방법을 찾아야 하지만 조급한 마음은 생각할 여유를 주지 않는다. 계약을 위해 고객에게 무리한 요구를 하게 되면서 고객과의 관계도 나빠져 계약 실패가 늘어난다.

세일즈맨의 실적이 부진하다면 분명한 이유가 있다. 부진에서 벗어나기 위해서는 냉정한 평가를 통해 원인을 찾아야 한다.

부진에서 벗어나기 위해서는 세일즈매니저와 세일즈맨이 함께 부진 원인을 찾아 해결책을 마련할 필요가 있다.

세일즈매니저는 세일즈맨을 관찰하면서 '세일즈가 제대로 풀리지 않고 있다.' '평소와 다른 행동을 하고 있다.' 혹은 '무리한 세일즈를 하고 있다.'는 생각이 머릿속에 드는 순간 가장 먼저 해야 할 행동은 '세일즈를 잠시 멈추는 것'이다. 운전을 하면서 목적지와 다른 방향이라고 의심이 들면 일단 차를 멈추고 목적지를 다시 확인한 다음 출발하게 된다. 수시로 확인하는 과정이 없으면 방향에 대한 확신이 없어 제대로 속도를 낼 수가 없다. 세일즈맨도 수시로 자신이 추구하는 세일즈 방법에 대한 점검이 필요하다.

1) 슬럼프, 왜 생기는 걸까?

'슬럼프'는 국어사전에서 '운동 경기 따위에서, 자기 실력을 제대로 발휘하지 못하고 저조한 상태가 계속되는 일'로 정의하고 있다. 체육학대사전에서는 '스태미나라든가 활동 등의 소침(銷沈) 또는 부진 상태란 의미로서 스포츠의 연습 과정에서 어느 기간 동안 연습 효과가 올라가지 않고, 스포츠에 대한 의욕을 상실하여 성적이 저하된 시기를 말한다.'로 설명하고 있다. 세일즈에서는 세일즈맨이 부진한 활동을 겪거나 자신의 기대에 미치지 못하는 실적이 계속될 때를 의미한다.

스포츠에서 슬럼프는 '누구나 경험할 수 있는 상황'이지만 세일즈에서는 '있어서는 안 되는 사건'이다. 슬럼프에 대한 이해 부족이 세일즈맨의 슬럼프 극복을 어렵게 만드는 이유 중의 하나다. 슬럼프는 누구나 경험할 수 있고 경험하고 있는 것이다. 슬럼프는 불치병이 아니라 오히려 능력이 뛰어난 사람만이 경험하는 '훈장'과도 같다. 세일즈맨이 경험하는 슬럼프의 원인은 다양하다.

① 과거의 실패나 실수

사람들은 성공보다 실패 경험을 더 오래 기억한다. 실패를 성공보다 더 오래 기억하는 이유는 '자신을 보호하기 위한 목적'이 있다. '자라보고 놀란 가슴 솥뚜껑보고 놀란다'는 속담처럼 '뱀'에게 물린 경험이 있는 사람은 뱀과 비슷한 것만 봐도 피하게 된다.

세일즈맨의 경우 '세일즈 실패 혹은 실수한 사례'를 '뱀에게 물린 사건'처럼 머릿속에 오래 기억하게 된다.

앞에서 '자극과 반응의 프로세스'를 설명하면서 사람들은 자신의 과거 경험에 따라 반응한다고 했다. 세일즈맨 또한 자신의 경험에 많은 영향을 받게 된다. 세일즈맨이 고객에게 A제품의 장점을 설명하면서 B제품을 설명하는 실수를 했다. 이런 경우 세일즈맨은 무슨 생각을 하게 될까? 아마도 '다시는 이런 실수를 하지 말자.'와 같은 결심을 하면서 고객을 만날 것이다. 특히 실수로 인해 받은 영향이 클수록 결심을 강하게 하게 된다. '실수를 반복하지 않겠다.'는 강한 결심이 항상 긍정적인 결과를 만들지는 않는다.

이럴 때 어떤 문제가 발생할 수 있을까? 고객에게 제품의 특징 중 하나를 제대로 설명하지 못해 세일즈를 성공시키지 못한 세일즈맨은 두고두고 아쉬워하게 된다. '다음 고객을 만날 때는 이 점을 강조해 반드시 계약을 성공하겠다.'는 세일즈맨의 이런 결심은 세일즈 활동에 방해가 될 수도 있다. 세일즈맨은 세일즈 실패 원인을 '상품을 제대로 설명하지 못했기 때문'이라고 생각해 고객을 만날 때마다 '자신이 설명하지 못한 부분'을 강조하게 된다.

하지만 세일즈맨이 중요하다고 생각하는 제품의 특징에 대해 고객은 세일즈맨만큼 중요하게 생각하지 않을 수 있다.

세일즈맨이 고객의 니즈를 제대로 파악하지 못하면 실패할 가능성이 높아진다. 세일즈맨이 과거 실수를 반복하지 않기 위해 선택한 행동이 또 다른 실패를 만들 수 있다. 과거의 실수나 실패는 과거의 일일 뿐이다. 성공 가능성을 높이기 위해서는 지금 만나는 고객에게 최선을 다해야 한다.

② 실적에 대한 부담감

축구 선수의 슛이 골문에서 한참 벗어난 곳을 향하는 모습을 흔히 볼 수 있다. 이 모습을 본 관중은 마치 그 선수가 역적이라도 된 듯 안타까움과 비난을 쏟게 된다. 이럴 때 해설자로부터 "힘이 너무 들어갔네요. 이럴 때일수록 힘을 빼고 편안하게 경기를 해야 합니다."라는 말을 듣게 된다. 선수는 중요한 경기일수록 '반드시 이겨야 한다'는 생각을 하게 된다. 이처럼 자신에게 부담을 주는 생각은 몸을 긴장시켜 능력을 발휘하는데 방해가 될 수 있다.

세일즈맨도 세일즈를 하는 과정에서 비슷한 상황을 경험한다. 세일즈맨은 자신의 모든 에너지를 '목표 달성'을 위해 쏟게 된다. 세일즈맨의 목표 달성 의지는 자신도 모르게 고객에게 계약을 강요할 수 있다. 축구 선수가 '반드시 골을 넣겠다.'며 강하게 슛을 하는 것과 같다. 세일즈맨의 강한 압박은 고객에게 부담을 느끼게 만들어 계약에 실패할 가능성을 높인다.

세일즈맨이 실적에 대한 의욕이 앞서면 자신도 모르게 욕심을 부리게 된다. 세일즈맨이 욕심을 내면 고객 만족보다는 자신의 목표 달성에 집중하게 된다. 고객의 의사를 무시한 채 고객을 방문하거나, 고객보다 자신에게 도움이 되는 말만 하고, 고객이 원하는 제품보다는 자신에게 도움이 되는 제품을 고객에게 강요하기도 한다. 세일즈맨의 이런 태도를 좋아하는 고객은 아무도 없다.

고객이 싫어하는 세일즈맨은 성과를 내기가 어렵다. 실적 하락은 물론 세일즈에 대한 확신마저 사라지게 된다. 활동을 할수록 자신감이 사라지면서 세일즈를 포기하는 경우도 있다.

③ 자신감 상실

세일즈에서는 목표 설정과 달성이 중요하다. 목표를 명확하게 설정하게 되면 자신의 에너지를 효과적으로 사용할 수 있어 목표를 달성할 가능성이 높아진다. 목표를 달성했을 때 얻을 수 있는 또 다른 효과는 '자신감 향상'이다. 목표를 정하고 달성하기 위해 노력하는 과정에서 여러 가지 성공을 경험하게 되고, 이런 성공 경험이 세일즈맨에게 자신감을 갖게 만든다.

세일즈에서 계약을 마무리하기까지 많은 어려움이 따른다.

성공보다 실패하는 경우가 더 많다. 앞에서 설명한 것처럼 사람은 본능적으로 성공한 경험보다 실패한 경험을 오래 기억한다.

계속 성공만 하던 사람이 연속해 계약에 실패하면 '세일즈에 소질이 없다'는 생각을 하게 된다. 실패하지 않기 위해 철저히 준비를 한 다음 만난 고객과의 계약도 실패하게 되면 '나는 세일즈를 못하는 것이 확실하다'라고 확신하게 된다. 세일즈맨의 이런 믿음은 자신의 '능력'이나 '행동'에 부정적인 영향을 미치게 된다.

이런 과정이 몇 번 되풀이되면 자신감을 상실하게 되면서 슬럼프에 빠지게 된다.

④ 자신의 세일즈 방법에 대한 분석

세일즈맨에게 자신감이 부족하면 행동이 위축되고 다른 사람의 시선을 의식하게 된다. 특히 다른 사람이 자신에게 보내는 '부정적인 피드백'에 대해 민감하게 반응한다. 세일즈맨이 "고객에게 사투리를 사용하지 마세요."라는 말을 세일즈매니저나 동료 세일즈맨으로부터 들었다. 이 세일즈맨은 어떻게 활동하겠는가? 고객을 만나기 전에는 '사투리를 쓰지 말아야겠다.'고 결심하고 고객을 만날 때에도, 고객을 만나고 난 다음에도 '혹시 사투리를 쓰지 않았을까?'라고 의심하게 된다. 자신의 행동을 제약하는 이런 생각들은 세일즈맨의 행동을 부자연스럽게 만든다.

고객은 부자연스럽게 행동하는 세일즈맨을 신뢰하지 않는다. 세일즈맨의 행동을 보면서 '저 사람의 행동이 뭔가 이상해'라고 생각하면서 세일즈맨을 의심하게 된다. 이런 식으로 진행된 세일즈는 성공보다는 실패할 가능성이 높다.

실적이 부진한 세일즈맨은 자신의 세일즈 방법을 분석하게 된다. 특히 부정적인 행동을 중심으로 '계약을 체결하지 못한 이유가 무엇일까?' 혹은 '고객이 내 제안에 대한 대답을 미루는 이유가 무엇일까?'와 같은 질문에 대한 답을 스스로 찾게 된다.

이때 '아, 내가 고객에서 설명을 제대로 하지 못했어, 정말 나는 바보야!' 혹은 '내가 좀 더 자세하게 상품을 설명했어야 하는데……'와 같은 분석을 하게 된다.

세일즈맨이 스스로 자신의 활동 결과를 분석하더라도 정확한 이유를 찾지 못할 가능성이 높다. 특히 대부분의 경우 부정적인 결과에 초점을 맞추기 때문에 자신감을 잃어버릴 가능성이 높아진다. 만약 분석이 필요한 경우라면 혼자하기 보다는 고객에게 직접 이유를 물어보는 것이 현명하다.

⑤ 세일즈맨의 과로

세일즈는 어려운 직업이다. 세일즈맨은 세일즈 과정에서 많은 에너지를 소진하고, 계속 긴장을 유지해야 해 만성적으로 피곤하다. 특히 계약을 위해 많은 공을 들였던 고객으로부터 거절이라도 당하고 나면 갑자기 몰려오는 피곤함에 의욕이 사라지는 경우도 있다.

어려운 세일즈일수록 실패할 확률 또한 높아져 피로가 쌓이면서 몸이 지치게 된다. 계약에 성공하면 피로가 저절로 풀리기도 하지만 항상 성공하리라는 법도 없으며, 쉽지도 않다. 몸이 지치게 되면 세일즈 활동에 대한 의욕이 떨어지게 되고, 고객과 만나는 동안 최선을 다할 수 없게 된다. 또한 피곤한 세일즈맨은 고객과의 만남을 꺼리게 된다. 고객과의 만남이 줄어들면 당연히 실적 또한 줄어들어 세일즈맨의 피로는 더욱 증가하는 악순환이 계속 된다.

⑥ 고객이나 동료로부터의 비난

많은 세일즈맨은 고객의 불만을 처리하면서 자신감을 잃은 경우가 많다. 물론 세일즈맨이 실수한 경우 고객의 불만은 세일즈맨을 성장시키는 계기가 될 수 있다. 문제는 고객으로부터 무리한 요구를 받는 경우이다. 특히 도저히 들어줄 수 없는 요구를 고객이 하게 되면 세일즈맨은 세일즈에 회의를 느끼게 된다.

고객뿐만 아니라 동료들 역시 세일즈맨의 에너지를 고갈시킨다. 세일즈맨이 몇 년 동안 공들여 규모가 큰 계약을 성공했다.

건강한 조직이라면 "진심으로 축하합니다."라는 인사가 오가면서 축제가 열리겠지만 그렇지 못한 조직에서는 "뒤에서 밀어주는 사람이 있나 보네."와 같은 말로 축하는커녕 험담을 늘어놓게 된다. 특히 열심히 하는 세일즈맨을 향해 "세일즈매니저에게 얼마나 잘 보이려고 그렇게 열심히 해?"와 같은 야유는 세일즈맨에게 세일즈에 환멸을 느끼게 만든다.

⑦ 초심을 잃었을 때

사람들은 다양한 목적을 가지고 세일즈를 시작한다. 경제적인 문제를 해결하기 위해, 소일거리를 찾아서 혹은 주변 사람의 부탁 때문에 마지못해 하는 경우 등 사람마다 다른 목적을 가지고 시작한다.

세일즈맨들은 세일즈를 시작하면서 나름대로 목표를 세운다.

세일즈를 시작하는 목적은 사람마다 다르지만 처음에는 열심히 활동한다. 작은 계약이라도 성공시킨 날에는 남다른 성취감도 느낄 수 있게 된다.

시간이 지나면서 세일즈를 시작할 때 가졌던 목표가 어느 정도 달성되면 세일즈에 소홀해지기 시작한다. 특히 돈을 목적으로 세일즈를 시작한 경우 소득이 높아지면 규모가 작은 계약을 무시하기도 한다. 고객은 세일즈맨에게 실망해 세일즈맨과의 관계를 멀리하게 된다. 이렇게 되면 계약이 줄어들면서 자신감을 잃는 악순환에 빠지게 된다.

세일즈맨이 고객과 관계를 맺기 위해서는 오랜 시간이 필요하지만 고객을 잃을 때는 한순간이다. 고객은 세일즈맨의 행동변화에 민감하기 때문에 세일즈맨은 항상 초심을 유지하면서 활동할 필요가 있다.

2) 슬럼프를 극복하는 방법

지금까지 세일즈맨이 슬럼프에 빠지는 원인에 대해 알아보았다. 지금부터는 세일즈맨이 슬럼프를 극복하고 성공할 수 있는 방법을 알아보자.

① 멈추기

세일즈맨이 슬럼프에 빠졌다고 느끼는 순간 세일즈매니저가 가장 먼저 해야 할 일은 세일즈맨의 활동을 잠시 멈추게 하는 것이다. 멈추는 범위에는 '행동'뿐만 아니라 '생각'도 포함된다. 세일즈맨의 '부정적인 생각'이 슬럼프의 원인이다.

세일즈맨은 고객과의 관계나 실적이 자신의 예상과 어긋난다고 느끼는 순간 근거도 없이 또 다른 추측을 하면서 문제를 악화시킨다. '목표를 달성하지 못하면 다른 사람들이 나를 우습게 볼 것이고, 회사에서의 역할도 줄어들 거야. 다음 달에도 실적이 나쁘면 회사에서 쫓겨날 텐데 어쩌지?' 이처럼 부정적인 생각은 상황을 악화시켜 극단적인 결과까지 생각하게 만든다. 세일즈맨이 부정적인 생각을 멈추게 되면 상황이 악화되는 것을 막을 수 있다.

멈추게 한 다음에는 세일즈맨이 자신의 행동을 살펴보도록 한다. 세일즈맨이 슬럼프에 빠졌을 때에는 분명이 원인이 있다.

세일즈매니저와 세일즈맨이 함께 원인을 찾게 되면 의외로 쉽게 슬럼프를 벗어날 수 있다.

② 역할에 대해 명확하게 인식하기

운동선수가 '잘해야 한다.'는 생각을 하게 되면 몸에 힘이 들어간다, 야구선수가 '홈런을 쳐야 한다.'고 생각하면 힘이 잔뜩 들어간 채 야구배트를 휘두르게 된다. 이럴 때 홈런은커녕 헛스윙할 가능성이 크다.

세일즈에서도 마찬가지이다. 세일즈맨이 '일이 잘 풀리지 않는다.'고 생각하면 초조하고 급해져 빨리 성과를 내고 싶어진다.

이런 상태에서 고객을 만나면 고객에게 자신도 모르게 계약에 대한 압박을 가하게 된다. 이렇게 되면 고객에게 초점을 둔 세일즈가 아니라 자신의 목적을 달성하기 위한 세일즈가 된다.

이런 세일즈는 성공보다 실패할 가능성이 높다.

세일즈맨은 자신의 역할에 대해 다시 한 번 생각하면서 초심으로 돌아가야 한다. '급할수록 돌아가라'는 속담처럼 초조한 기분이 들수록 '세일즈 성과'보다는 '고객 만족'에 초점을 맞추고 세일즈를 진행할 필요가 있다. 이렇게 세일즈맨이 자신의 역할에 충실하게 되면 실적은 다시 향상되면서 슬럼프에서 벗어날 수 있게 된다.

③ 성공 경험 떠올리기

세일즈맨이 슬럼프에 빠지기 쉬운 이유 중의 하나는 '실패 경험의 되새김질'이라고 앞에서 설명했다. 실패 경험을 떠올리게 되면 기운이 빠지고, 세일즈 활동이 겁나고 부담스럽게 느껴진다. 이렇게 되면 자연스럽게 활동이 줄어들고 실적 또한 줄어들면서 슬럼프로 이어지게 된다.

실패로 인한 슬럼프는 '성공 경험'으로 해결할 수 있다. 만약 세일즈에서의 성공 경험이 없다면, 지금까지 살아오면서 경험한 성공 사례를 기억하면서 적어보는 것도 좋다. 아마도 생각보다 많은 성공 경험들을 찾을 수 있을 것이다. 종이에 적은 성공 경험을 천천히 읽어보자. 아마도 입가에 미소가 저절로 지어질 것이다.

이때 몸에서는 기운이 솟아나고 다시 한 번 고객을 만날 용기가 생긴다.

성공 경험은 세일즈맨에게 많은 에너지를 공급해준다. 동기를 부여하고, 세일즈를 할 용기를 주고 슬럼프를 극복할 힘도 제공한다. 세일즈맨에게는 실패에 대한 반성보다 성공 경험을 통한 자신감 회복이 더 중요하다.

④ 성공 경험 기록하기

성공 경험은 세일즈맨에게 많은 도움이 된다. 세일즈맨은 성공 경험을 항상 머릿속에 간직할 필요가 있다. 그러기 위해서는 성공 경험에 대한 관리가 필요하다. 성공 경험을 간직하는 좋은 방법 중 하나는 고객을 만난 직후 성공 경험을 기록하는 것이다.

성공 경험을 제대로 기록하기 위해서는 성공의 개념을 새롭게 할 필요가 있다. 대부분의 세일즈맨은 계약이 마무리되어야 '성공'이라고 생각한다. 한 달 동안 100명의 고객을 만나 제안을 하고 상품을 설명했지만 계약을 성사시키지 못한 세일즈맨이 있다. 이 세일즈맨은 자신의 활동을 어떻게 평가할까? 만약 자신의 세일즈를 '실패'라고 규정하면 한 달 동안의 노력은 헛수고가 된다.

　실패라고 생각되는 상황에서도 얼마든지 성공 경험을 찾을 수 있다. 일단 100명의 고객을 만났다는 것 자체가 성공이라고 평가할 수 있다. 또한 100명의 고객과 만나는 과정에서 또 다른 성공 경험을 찾을 수 있다. 고객과의 만남, 고객에게 상품을 설명한 것과 기회가 되면 구입하겠다는 고객의 약속 등도 성공 경험이라고 할 수 있다. 이렇게 고객과의 만남에서 성공 경험을 찾게 되면 고객과의 만남이 즐겁고 신나게 된다. 세일즈에서 계약은 성공한 과정들의 결과물이다.

　'성공'의 기준으로 건강한 조직과 그렇지 못한 조직을 구분할 수 있다. 건강하지 못한 조직은 계약의 결과만을 가지고 세일즈맨을 평가하고 세일즈맨의 에너지를 소진시켜 피로도를 높인다.

　세일즈매니저가 세일즈맨과 서로를 격려하면서 활동 과정을 공유하면 성공할 가능성이 높다. 세일즈매니저 또한 세일즈맨으로부터 긍정의 에너지를 얻을 수 있어 조직 운영에 도움이 된다.

⑤ 성공하는 모습 상상하기

　대부분의 사람들은 친하지 않은 사람들을 만날 때 두려움을 느끼게 된다. 특히 세일즈맨은 '계약'이라고 하는 목적을 가지고 고객을 만나기 때문에 고객과의 만남이 더욱 부담스럽게 느껴진다. 세일즈맨이 고객과의 만남을 부담스럽게 여기면 고객과의 만남을 피하게 되고 이것이 슬럼프로 이어지게 된다.

세일즈맨이 고객과의 만남으로 인한 불안을 해소하기 위한 방법으로 '머릿속에서 성공 그려보기'가 있다. 앞에서 기록해둔 성공 경험을 바탕으로 '이번 만남을 통해 어떤 성공을 경험할 수 있을까?'라는 질문을 스스로 해보자. 아마도 많은 답을 이끌어낼 수 있을 것이다.

세일즈맨의 긍정적인 상상은 세일즈에 도움이 된다. 고객을 만날 때 '이 고객은 나와 친한 사람이다.'라고 생각하는 것과 '고객이 나를 싫어하면 어쩌지?'라는 생각에는 큰 차이가 있다. 세일즈맨의 생각은 행동으로 연결되기 때문이다. 세일즈맨이 고객과 친하다고 생각하면 편안한 미소를 지으면서 대화할 수 있지만 고객을 꺼려하면 표정이 굳어져 고객에게도 영향을 미치게 된다.

따라서 세일즈맨이 성공을 상상하면 힘이 솟는다. 이렇게 만들어진 에너지를 고객과의 만남에 사용하면 성과를 높일 수 있다.

⑥ 자신의 강점 탐색하기

세일즈맨이 슬럼프에 빠지면 성공보다는 실패를, 강점보다 단점을 떠올리게 된다. 실패 경험이나 단점은 모두 세일즈맨을 의기소침하게 만드는 원인이 된다. 슬럼프에 빠지지 않고 슬럼프를 극복하기 위해서는 실패 경험보다는 성공 경험을, 단점보다는 강점을 찾을 필요가 있다.

세일즈맨에게 "자신의 강점을 찾아보라."고 말하면 "저는 강점이 없어요."라고 말하는 사람들이 생각보다 많다. 세일즈 실적이 저조하거나 주변 사람들로부터 "넌 할 줄 아는 게 뭐야?"와 같은 부정적인 말을 많이 들었던 사람일수록 강점을 찾는데 어려움을 느낀다. 하지만 강점이 없는 사람은 없다. 단지 자신이 가지고 있는 강점을 발견하지 못했을 뿐이다.

강점의 정의는 '내가 자주 활용하는 능력'이다. 강점에는 용기, 친절, 근면함, 호기심, 유머, 자기조절이나 활력과 같은 것들이 있다. 자신의 강점에 대해 가장 잘 아는 사람은 '자신'이다.

앞에서 과거의 성공 경험을 적어 놓은 자료를 읽어보자. 성공을 위해 자신의 강점을 사용했다는 사실을 알게 될 것이다.

이제부터 '주변 사람들의 평가'에 주의를 기울이기보다는 자신의 내면을 들여다보자. 그리고 자신의 내면에 숨어있는 강점을 찾아 활용해보자. 강점을 찾아 활용할수록 자신감이 생기고, '아! 나에게 이런 면도 있었네'라고 자신을 새롭게 발견하게 될 것이다.

⑦ 현재에 대한 집중

고객을 만나는 세일즈맨의 머릿속에는 다양한 생각들이 떠다닌다. '이 고객이 나를 만나주지 않으면 어쩌지?'에서부터 '계약이 어렵겠다고 말하는 건 아닐까?'라는 생각까지 다양한 추측을 하게 된다. 이럴 때 대부분 긍정적이 아니라 '부정적인 추측'을 하게 된다. 부정적인 생각은 세일즈맨을 좌절하게 만드는 주요 원인이다. 세일즈맨이 부정적인 생각을 떨쳐버리기 위해서는 긍정적인 생각을 더 많이 그리고 더 자주 할 필요가 있다.

부정적인 생각을 떨치기 위한 또 다른 방법은 '지금 이 순간' 만나는 고객에 집중하면 된다. '고객이 날 싫어하면 어쩌지?'라는 생각은 지금 일어나지 않은 일에 대한 걱정이다. 이런 걱정은 세일즈맨에게 전혀 도움이 되지 않는다. 세일즈맨에게 걱정이 많을수록 고객에게 집중할 수 없게 되면서 계약 가능성도 줄어들게 된다. 이런 결과를 방지하고 싶다면 '지금 할 수 있는 일'에 집중하면 된다. 제안서를 꼼꼼하게 살펴보거나 상품에 대한 전략을 고민하고, 고객에게 약속 전화를 하는 것이 세일즈맨에게 도움이 되는 행동이다.

⑧ 신뢰하는 사람과 함께 하기

세일즈맨을 포함한 사람들이 가장 큰 에너지를 얻을 때는 주변 사람들로부터 받는 '인정'이다. 고객으로부터 "정말 감사합니다. 덕분에 제가 이런 혜택을 볼 수 있었습니다."와 같은 말을 듣는다면 세일즈맨은 큰 보람을 느끼고 자신의 역할에 대해 자부심을 갖게 되면서 고객을 위해 열심히 일하게 만드는 기폭제가 된다. 이런 세일즈맨을 만나는 고객은 계약과 상관없이 세일즈맨에게 친근함과 감사를 표시하게 된다. 고객으로부터 긍정적인 반응을 얻은 세일즈맨은 더 큰 보람을 느끼는 활동의 선순환을 경험하게 된다.

세일즈맨에게 필요한 것은 이런 긍정적인 피드백을 해줄 고객이나 지인의 수를 늘리는 것이다. 이렇게 자신의 활동을 지지하는 사람이 늘수록 좌절 경험이 줄어들게 되고, 슬럼프에서 빨리 빠져나올 수 있게 된다.

슬럼프는 축복이다. 슬럼프는 아무나 경험하는 것이 아니다. '슬럼프에 빠졌다'는 것은 '열심히 활동했다'는 반증이다. 슬럼프에 빠졌을 때는 '내가 정상 컨디션이 아니구나'라고 자신의 상태를 인정할 필요가 있다. 자신의 상태를 무시하고 세일즈를 계속하게 되면 더 깊은 슬럼프에 빠질 수 있다. 여유를 갖고 자신을 돌본다면 슬럼프에서 벗어나는 것은 물론 한층 더 성장하는 자신을 발견하게 될 것이다.

CHAPTER 4

세일즈맨을
격려하는 조직문화를
만든다

자동차를 운전하는 사람들은 자동차의 상태를 점검하기 위해 운전 전이나 운전 중에 수시로 계기판을 확인한다. 기름이 부족하다는 신호가 있으면 주유소에서 기름을 보충한다. 운전자가 이런 신호를 무시할 경우 자동차가 멈추거나 큰 사고로 이어질 수도 있다.

자동차와 마찬가지로 사람도 활동을 계속하기 위해서는 에너지의 보충이 반드시 필요하다. '힘들다'는 느낌은 에너지가 고갈되고 있다는 신호이다. 자신의 몸이나 감정에서 보내오는 신호를 무시하면 큰 문제가 발생할 수 있다. 피곤할 때는 평소와는 다르게 사소한 일에도 짜증이나 화를 내기 쉽다. 피곤한 상태에서는 정상적인 활동이 어렵다. 세일즈매니저가 이런 신호를 무시하고 세일즈맨과 대화를 하거나 업무를 지시할 경우 충돌이 발생할 가능성이 높아진다.

세일즈매니저의 업무도 힘들지만 세일즈맨도 고객과 만나는 과정에서 에너지가 소진된다. 세일즈매니저는 세일즈맨의 소진된 에너지를 보충해 성과를 낼 수 있도록 돕는 사람이다.

1

세일즈맨에 대한 세일즈매니저의 따뜻한 관심

세일즈맨이 세일즈 활동을 통해 얻을 수 있는 이익은 두 가지이다. 하나는 '금전적 보상'이다. 세일즈맨은 계약을 성공시키면 돈으로 보상을 받게 된다. 세일즈맨이 금전적 보상을 얻기 위해서는 많은 노력과 오랜 시간이 필요해 자신이 원할 때 원하는 만큼 얻기가 쉽지 않다. 처음 세일즈를 시작할 때 '성공한 세일즈맨'의 모습을 보면서 '나도 금방 저렇게 될 수 있겠다'는 희망을 가지고 시작하지만 시간이 지나면서 '꿈은 꿈일 뿐이다'는 사실을 깨닫게 된다. 많은 세일즈맨이 세일즈를 시작했다가 중간에 포기하는 이유이기도 하다.

세일즈맨이 얻을 수 있는 또 다른 보상은 '심리적 보상'이다.

세일즈맨은 수시로 목표를 세우고 달성하기 위해 노력한다. 세일즈맨이 '오늘은 고객에게 제품의 필요성에 대해 설명하겠다'를 목표로 하면 고객이 이해하기 쉬운 자료를 만들고 고객의 눈높이에 맞춰 설명한다. 세일즈맨의 설명이 끝나고 고객으로부터 "잘 들었습니다. 저에게 꼭 필요한 제품이라는 것을 알았습니다."라는 말을 들으면 그동안 쌓였던 피곤이 한순간에 없어진다. 그 자리에서 계약이 성사되면 하늘로 올라갈 것처럼 기분이 좋아지면서 자신감이 생긴다. '활력', '성취감'이나 '자신감'과 같은 것들이 세일즈맨들이 얻을 수 있는 심리적 보상이다.

금전적 보상은 일시적이지만 심리적 보상은 오래간다. 금전적 보상은 폭약과 같아서 화력은 세지만 오래가지 못한다. 반면 심리적 보상은 화력은 세지 않지만 오랫동안 에너지를 공급하는 역할을 한다. 금전적 보상은 혼자서도 얼마든지 즐길 수 있지만 심리적 보상은 주변 사람과 함께 할 때 더 큰 효과를 얻을 수 있다. 세일즈매니저는 성과를 높이기 위해 세일즈맨에게 심리적 보상을 강화할 필요가 있다.

세일즈매니저가 수월하게 선택할 수 있는 심리적 보상이 '세일즈맨에 대한 관심'이다. 세일즈매니저는 관계가 소원하거나 호의적이지 않은 사람과 마음에 드는 사람을 똑같은 마음으로 대하기가 어렵다. 세일즈매니저의 관심이 효과를 보기 위해서는 '따뜻한 마음'이 필요하다.

'미운 놈 떡 하나 더 준다'는 속담처럼 세일즈매니저의 관심이 필요한 사람은 자신과 불편한 세일즈맨이다. 자신과 관계가 소원한 세일즈맨에게 보내는 따뜻한 관심은 최악의 결과도 막을 수 있는 중요한 역할을 한다.

세일즈맨이 세일즈 활동으로 지쳐있을 때 세일즈매니저가 "오늘 많이 힘드셨죠?"라는 인사와 함께 내미는 따뜻한 차 한 잔은 세일즈맨의 소진된 에너지를 채워주는 활력소가 된다. 세일즈매니저로부터 이런 인사를 듣는 세일즈맨은 '저분이 지친 내 마음을 알고 있구나'라고 느끼게 된다. 세일즈맨의 이런 기분은 세일즈매니저에 대한 믿음을 강화하는 계기가 된다.

세일즈매니저와 세일즈맨 사이에서 일어나는 작은 일들이 모여 서로에 대한 믿음으로 발전한다. 용돈은 많이 주지만 야단만 치는 아버지와 용돈은 적지만 따뜻한 관심을 보이는 아버지 중에서 대부분의 사람들은 따뜻한 관심을 보이는 아버지를 선호할 것이다. 세일즈매니저도 마찬가지이다. 어쩌다 한 번 물질적인 도움을 주기보다는 자주 보여주는 따뜻한 마음이 세일즈맨에게 더 큰 도움이 된다.

세일즈매니저가 자주하는 실수는 세일즈맨보다 '실적'에 관심을 보일 때이다. 세일즈매니저의 머리에는 항상 '실적 달성'에 대한 부담이 있어 모든 관심사는 실적일 수밖에 없다. 실적에 대한 부담이 강할수록 자신의 의도와는 다르게 "오늘 계약 어떻게 되었습니까?"라는 말이 "고객 만나시느라 힘드셨죠?"라는 말보다 먼저 나오게 된다. 세일즈매니저가 자신보다 계약에 더 많은 관심을 둔다고 세일즈맨이 인식하면 '그래~. 계약이 중요하지 나에게 관심이 있겠어?'라는 생각을 하면서 세일즈매니저에게 실망하게 된다.

세일즈매니저의 지나친 관심은 오히려 독이 될 수도 있다.

목마를 때 먹는 물이 소중하듯이 세일즈맨이 원할 때 세일즈매니저의 관심은 분명히 도움이 된다. '관심'과 '감시'는 종이 한 장차이로 세일즈매니저 자신이 필요할 때 보이는 관심은 세일즈맨이 '감시'로 받아들일 가능성이 많다. 세일즈매니저의 관심을 세일즈맨이 감시로 받아들이는 것을 피하기 위해 세일즈매니저는 먼저 세일즈맨의 마음을 알아주는 대화로 시작할 필요가 있다. '오늘 고객을 만나 설득하느라 얼마나 힘들었을까?', '비록 계약은 못했지만 많이 애썼다', '이런 날씨에 밖에서 활동하는 것이 쉽지 않아' 혹은 '이렇게 활동해 주셔서 감사합니다.'와 같은 생각을 세일즈맨에게 표현하면 된다.

이때 주의해야 할 것은 세일즈매니저의 얼굴표정, 자세와 말투이다. 세일즈맨이 세일즈매니저와 대화할 때 대화의 내용보다 세일즈매니저의 표정이나 자세로부터 더 많은 정보를 얻게 된다.

세일즈매니저가 바르지 못한 자세로 "오늘 고생했어요."라고 인사하면 세일즈맨은 속으로 '빈말하고 있네!'라고 받아들인다.

세일즈매니저가 진정성을 가지고 세일즈맨을 대해야 자신의 마음을 제대로 전달할 수 있다.

2

관계는 양보다 질

세일즈에서 관계는 성과와 직결되는 중요한 요인이다. 수준이 낮고 해로운 관계는 에너지를 고갈시키고 대화의 수준을 떨어뜨린다. 이것은 조직 내 모든 사람들에게 정신적으로 고통을 주기도 한다. 다음 두 가지 상황을 비교해보자.

> **사례 1**
>
> 세일즈맨이 처음 출근한 날 세일즈매니저는 자리를 안내하고 아무런 말도 없이 다른 세일즈맨을 만나기 위해 자리를 떴다. 근처에 있던 세일즈맨들도 새로운 사람에게 관심을 보이지 않고 자신의 일만 하고 있다. 상당한 시간이 지나고 나서야 세일즈매니저는 모든 사람에게 새로운 세일즈맨을 소개했다.

> **사례 2**
>
> 세일즈맨이 처음 출근한 날 세일즈매니저는 자리에서 일어나 세일즈맨을 맞이했다. 따뜻한 차를 같이 하면서 감사의 인사를 했다. 세일즈맨과 함께 움직이면서 다른 세일즈맨을 소개했다. 새로운 동료를 맞이하는 세일즈맨들도 따뜻한 격려를 했다.

[사례1]과 같은 조직은 조직원끼리의 마음을 연결해주는 고리가 약하다. 주변 사람들로부터 활동에 필요한 에너지를 얻을 수 없어 세일즈에 필요한 모든 에너지를 스스로 만들어야 한다.

세일즈맨이 좌절했을 때 동료로부터 도움받기가 쉽지 않다. 이런 조직에서 성과 향상은 상당히 어려운 일이다.

[사례2]의 조직은 서로 격려하는 조직이다. 주변의 동료에게 관심을 보이면서 일을 한다. 동료의 따뜻한 마음으로부터 세일즈에 필요한 에너지를 얻을 수 있다. 자신의 에너지가 고갈되더라도 상대적으로 수월하게 필요한 에너지를 얻을 수 있어 세일즈 활동을 꾸준히 유지할 수 있다.

세일즈매니저와 세일즈맨과의 관계 형성은 세일즈에 많은 영향을 미친다. 세일즈매니저와 세일즈맨의 관계가 긍정적으로 형성될 경우 서로가 바라는 조직 구성이 가능하게 된다. 관계의 질이 높을 경우 조직에 헌신할 수 있는 기회와 심리적인 안정을 누릴 수 있다. 다른 사람과 훌륭한 관계를 형성할 경우 자신의 역할에 대해 명확하게 인식하고 자신의 업무에 자신감을 갖는 기회가 된다.

1) 관계의 질이 성과를 결정한다

'관계의 질이 좋다'는 의미는 다른 사람을 인정하고, 다른 사람의 행동에 반응을 보이는 특징을 갖는다. 세일즈매니저와 세일즈맨 그리고 세일즈맨과 고객의 관계처럼 서로에 대한 의존성이 높은 세일즈에서 관계의 질을 높이는 것은 중요하다. 그 이유는 상호 의존성이 높은 세일즈에서 다른 사람의 반응이 필요하기 때문이다.

세일즈는 세일즈맨 혼자 하는 것이 아니다. 세일즈 조직에서 조직 분위기는 세일즈맨들뿐만 아니라 고객에게도 전달된다. 세일즈맨이 어떤 세일즈매니저와 함께 하느냐에 따라 고객을 대하는 자세가 달라진다. 세일즈매니저로부터 격려를 받으면 자신감이 충만한 상태에서 고객을 만나지만 질책을 받으면 걱정이 가득한 상태에서 고객을 만나게 된다. 세일즈매니저의 영향이 고객에게까지 미치게 된다.

세일즈매니저가 가장 중요하게 생각해야 하는 것은 '관계의 영향'이다. 고객은 자신이 신뢰할 수 있는 세일즈맨에게만 마음의 문을 열고 마음속에 들어있는 것을 보여준다. 고객의 마음을 볼 수 있는 세일즈맨은 계약을 성공시킬 가능성이 높다. 세일즈매니저도 마찬가지이다. 세일즈맨에게 신뢰받지 못하는 세일즈매니저의 말은 아무리 좋은 말이라도 세일즈맨의 가슴 깊숙한 곳까지 닿지 못한다. 세일즈맨이 가슴으로 받아들이지 않기 때문이다.

세일즈매니저는 세일즈맨과의 관계에서 양보다는 질을 따져야 한다. 세일즈맨이 고객을 빈번하게 방문하기보다 한 번 가더라도 고객의 마음을 움직일 수 있는 설명이 훨씬 효과가 있는 것처럼 세일즈매니저도 마찬가지이다. 세일즈매니저가 세일즈맨과 대화할 수 있는 시간이 그리 많지 않다. 짧게 대화하더라도 대화를 하는 동안 세일즈맨과 깊은 교감을 나눌 수 있는 방법을 모색해야 세일즈맨은 세일즈매니저를 신뢰하게 된다.

2) 질 높은 관계를 형성하는 방법

세일즈맨의 행동은 속마음이 결정한다. 예를 들어 세일즈맨이 부탁하면 고객은 그 자리에서는 "알았다."고 대답하지만 세일즈맨이 원하는 행동을 하는 고객은 많지 않다. 이런 사실을 알고 있는 세일즈맨은 고객의 속마음을 움직이기 위해 많은 시간을 쏟고 다양한 노력을 한다. 세일즈매니저도 세일즈맨의 대답에서 진실이 무엇인지 판단하려고 노력한다. 이처럼 사람의 행동을 결정짓는 것은 겉으로 드러나는 행동이 아니라 속마음이다. 사람과의 관계를 결정짓는 것도 '속마음'이다.

세일즈매니저는 세일즈맨과 질 높은 관계를 형성할 필요가 있다. 이런 관계를 만들기 위해 세일즈맨과 목표를 공유하고 서로 존중하면서 지식을 공유하는 것은 세일즈매니저가 세일즈맨과 높은 수준의 관계를 만들기 위해 해야 할 중요한 것들이다.

■ 세일즈맨 존중하기

세일즈매니저와 세일즈맨 사이에 맺어지는 관계의 질은 세일즈매니저가 세일즈맨을 얼마나 존중하느냐에 따라 달라진다.

세일즈매니저가 세일즈맨을 존중하지 않는다면 세일즈매니저가 세일즈맨에게 도움이 되는 말을 하더라도 세일즈맨은 마음으로 받아들이지 않는다.

세일즈매니저와 세일즈맨의 역할은 다르다. 세일즈매니저와 세일즈맨이 서로 다른 역할을 수행하는 과정에서 오해가 발생할 수 있다. 세일즈매니저가 세일즈맨을 위해 활동을 재촉하면 세일즈맨은 '자기 실적을 달성하기 위해 날 괴롭힌다.'고 받아들일 수도 있다. 이런 오해를 없애고 자신의 역량을 충분히 발휘하기 위해서도 서로에 대한 믿음이 필요하다.

세일즈매니저와 세일즈맨은 서로의 역량과 역할을 존중해야 한다. 세일즈매니저와 세일즈맨이 서로의 역할에 대해 존중하게 되면 강력한 유대관계를 만들 수 있다. 세일즈매니저와 세일즈맨 사이에 유대관계가 형성되면 서로의 아이디어와 지식을 공유하면서 세일즈 성과를 높일 수 있다.

■ 세일즈맨과 목표 공유하기

세일즈매니저와 세일즈맨은 목표에 대한 유대감 형성이 중요하다. 세일즈매니저와 세일즈맨은 항상 '성과 향상'이라는 같은 목표를 가지고 있다. 세일즈매니저가 세일즈맨을 존중하지 않는 순간 세일즈맨은 세일즈매니저에 대해 자신과 같은 목표를 향해 가는 파트너가 아니라 자기 목표만을 달성하기 위해 세일즈맨을 이용하는 '나쁜 사람'으로 인식한다. 이런 부정적인 생각을 갖는 세일즈맨이 세일즈매니저와 유대관계를 갖기는 어렵다.

세일즈매니저와 세일즈맨 사이에 유대감이 형성되면 정보를 공유하게 된다. 세일즈매니저가 세일즈 전략과 목표를 제대로 설정하기 위해서는 정확한 현장 정보가 필요하다. 세일즈맨은 자신과 세일즈매니저의 목표가 같다고 생각하면 세일즈매니저에게 현장의 정보들을 제공하지만 신뢰가 없거나 유대감이 적은 세일즈매니저에게는 정보를 제공하지 않는다.

세일즈매니저와 세일즈맨 사이에 목표가 공유되면 자신의 역할에 대한 이해가 높아질 수 있다. 세일즈맨은 자신들의 정보가 반영된 목표에 대해서는 책임의식을 갖게 된다.

사람은 자신의 일에 의미와 가치를 느낄 때 몰입하게 된다.

세일즈맨도 자신이 조직에 기여한다는 사실을 알게 되면 자신의 역할에 의미를 찾게 되면서 활동을 강화하게 된다.

■ 세일즈맨과 지식 공유하기

관계의 질을 높이기 위해서는 지식을 공유할 필요가 있다.

만약 세일즈매니저가 세일즈맨과 지식을 공유할 때와 공유하지 않을 때 어떤 차이가 있을까? 세일즈맨과 지식을 공유하지 않는 세일즈매니저는 정신적으로 건강하지 못할 가능성이 높다.

'내가 가지고 있는 노하우를 세일즈맨에게 알려주면 세일즈맨을 통제할 수단이 없어져 조직을 운영하기 어려워진다.'고 생각하는 세일즈매니저는 세일즈맨에게 자신이 가지고 있는 정보를 알려주기를 꺼린다.

자신의 지식을 세일즈맨과 공유하지 않는 세일즈매니저는 자신의 역할에 대한 이해가 부족한 사람이다. 세일즈매니저는 세일즈맨과 경쟁자가 아니다. 세일즈매니저와 세일즈맨의 차이는 역할에 있다. 세일즈매니저는 세일즈 성과를 높일 수 있도록 세일즈맨을 돕는 사람이다. 자신의 권위를 지키겠다고 세일즈맨을 함부로 대하는 사람은 세일즈매니저로서의 자격이 없는 사람이다.

건강한 세일즈매니저는 세일즈맨을 위해 자신의 지식을 아낌없이 나눠주는 사람이다.

지식의 공유는 세일즈 성과를 높일 수 있는 손쉬운 방법이다. 세일즈 조직에서 세일즈맨들은 서로 다른 경험과 지식을 가지고 있다. 세일즈맨이 만나는 고객 또한 다양해 세일즈맨이 모든 고객을 이해하기는 어렵다. 세일즈맨들이 서로 자신들의 경험이나 지식을 공유하게 되면 고객에 대한 대응능력이 높아져 성과로 이어질 가능성이 높아진다.

세일즈맨을 존중하고, 세일즈맨과 목표와 지식을 공유하는 것은 세일즈 조직에서 가장 기본적인 것이다. 하지만 상호존중과 같은 가장 기본적인 항목에서 세일즈매니저와 세일즈맨 사이에 많은 충돌이 만들어져 조직 갈등의 원인이 된다.

3

세일즈매니저의 칭찬은 세일즈맨의 활력소

교육이나 모임 등에서 동료에게 칭찬을 하라고 하면 대부분의 사람들은 복장이나 외모에 대해 말한다. "눈이 정말 예쁘시네요." 와 같은 외모를 표현하는 말이나 "옷이 오늘 모임에 잘 어울리네요."와 같이 복장에 대한 언급이 대부분이다. 복장이나 외모에 대한 칭찬이 끝나면 어색한 침묵이 이어진다. 이런 상황이 만들어지는 이유는 칭찬하는 방법을 모르거나 상대방에 대한 이해가 부족하기 때문이다.

칭찬하는 방법을 책이나 교육을 통해 배운다고 해도 칭찬을 능숙하게 사용하기가 쉽지 않다. 책에서 본 문장을 외운다 하더라도 그 문장에 적합한 상황이 오지 않으면 소용이 없다. 책의 문장을 사용할 수 있는 상황이어도 칭찬에 진심이 담겨있지 않으면 효과가 없다. 칭찬을 듣는 사람은 '입에 발린 말'인지 '진심에서 우러나는 칭찬'인지 금방 구분할 수 있다. '진심이 담기지 않은 칭찬'은 오히려 상대방에게 거부감이 들게 하는 역효과를 불러올 수 있다.

"엄청난 계약을 마무리하셨네요! 정말 대단하십니다."
"A씨는 정말 훌륭한 세일즈맨입니다."

세일즈매니저가 세일즈맨을 칭찬하기 위해 사용하는 문장이다. 칭찬의 뜻을 사전에서 찾으면 '좋은 점이나 착하고 훌륭한 일을 높이 평가함. 또는 그런 말'로 나와 있다. 세일즈매니저가 '칭찬을 했다'는 것은 '세일즈매니저가 정한 기준에 적합한 행동을 세일즈맨이 했다'고 해석할 수 있다. 이런 말을 하는 세일즈매니저의 생각에는 '너의 행동이 나를 만족시켰다. 계속해 이 정도 규모의 계약을 해주기를 바란다.'는 의미가 들어있다.

세일즈맨이 칭찬을 받기 위해서는 세일즈매니저의 기준을 충족해야 한다. 세일즈매니저는 칭찬을 통해 '이 정도 규모의 계약을 해야 한다.'는 메시지를 세일즈맨들에게 전달한다. 세일즈맨들은 열심히 활동했더라도 계약 규모가 크지 않아 세일즈매니저가 정한 기준에 미달한다고 생각하면 칭찬을 기대하지 않는다.

세일즈매니저의 기준이 높을수록 세일즈맨들은 좌절을 경험하고 도전을 포기하게 된다.

세일즈매니저가 세일즈맨을 제대로 칭찬하기 위해서는 세일즈맨에 대한 관심이 필요하다. 처음 본 사람을 칭찬하려고 하면 외모나 복장 외에는 칭찬거리가 없다. 시간이 지나면서 상대방을 자세히 알게 되면 "그런 어려운 상황을 잘 극복하셨네요." 혹은 "정말 엄청난 일을 성공시키셨네요."와 같은 말을 할 수 있게 된다.

세일즈매니저가 세일즈맨을 칭찬하기 위해서는 세일즈맨에게 관심을 가져야 하고, 그 관심을 밖으로 표현해야 한다. '내가 이런 생각을 하고 있다는 걸 알고 있을 거야.'라는 생각은 큰 착각이다. 몇 십 년을 함께 산 부모님의 마음도 제대로 알지 못하는데 세일즈맨이 자신의 마음을 알거라고 생각하는 것은 세일즈매니저의 엄청난 착각이다. 따라서 세일즈매니저는 세일즈맨의 활동에 관심을 가져야 한다.

■ 명확한 기준이 칭찬의 효과를 높인다

사람의 말을 알아듣지 못하는 동물도 훈련시킬 수 있다. 동물은 사람이 하는 말을 이해는 못하지만 표정이나 어감 등을 통해 '칭찬'인지 '질책'인지 구분할 수 있다. 조련사는 동물이 자신이 원하는 행동을 할 때 보상과 칭찬을 한다. "그렇지."나 "잘했어!"와 같은 칭찬에는 조용하고 다정한 말투를 사용한다. 반대로 "안돼." 혹은 "멈춰."와 같은 말을 할 때는 큰 소리를 쳐 동물들이 두려움을 느끼게 해 행동을 통제한다.

세일즈매니저도 자신이 원하는 행동을 세일즈맨이 하게 되면 즉시 피드백을 할 필요가 있다. "그렇게 하시면 될 것 같습니다."

혹은 "제가 그런 결과를 원했습니다."와 같은 말을 하면 세일즈맨은 '세일즈매니저가 나에게 이런 행동을 원하고 있구나.'라고 기준을 이해하고 실천하게 된다.

세일즈매니저가 세일즈맨에게 바라는 행동의 기준이 명확할수록 세일즈맨이 자신의 바람대로 실천할 가능성이 높다. 칭찬의 목적에는 '지금과 같은 행동을 계속 하기를 바란다.'는 메시지가 담겨 있다. 세일즈매니저는 자신이 바라는 '지금과 같은 행동'이 어떤 행동인지를 세일즈맨에게 명확하게 알려줄 필요가 있다.

세일즈매니저가 세일즈맨에게 "정말 잘했습니다."라고 말했다. 이 말을 들은 세일즈맨은 '내가 어떤 행동을 잘했을까?'라고 생각하게 된다. 만약 세일즈매니저가 '고객에게 적합한 제품의 선정'이라고 명확하게 말한다면 '아, 고객의 생애주기를 고려해 선정하는 것이 도움이 되는구나'라고 인식하게 된다.

세일즈매니저의 기준이 명확하지 않으면 세일즈맨은 실행을 주저하게 된다. 목적지를 향해 차를 운전하고 있는 사람이 '뭔가 이상해. 길을 잘못 들어선 것 같다'는 생각을 하게 되면 속도를 내지 못하게 된다. 반대로 제대로 된 길을 달리고 있다는 확신이 들면 속도를 유지하게 된다. 세일즈맨도 마찬가지이다. 세일즈맨은 세일즈매니저의 기준에 적합하다는 판단이 들면 전진할 수 있지만 그렇지 못한 경우 주저하게 된다. 세일즈매니저가 제시하는 기준이 애매할수록 세일즈맨의 행동을 주저하게 만들어 생산성을 떨어뜨리게 된다.

■ 칭찬하는 방법

다음 상황이라면, 당신은 어떻게 반응하겠는가?

세일즈매니저가 세일즈맨에게 고객에게 제출할 제안서를 컬러로
출력하라고 말했지만 세일즈맨은 제안서를 흑백으로 출력했다.
이 사실을 안 세일즈매니저는 자신의 지시를 어긴 것에 대해 세일
즈맨에게 지적하려고 한다.

세일즈매니저마다 다르겠지만 다양한 반응을 보일 수 있다.
"정말 바보 같네!"라고 말하는 세일즈매니저도 있고 "도대체 무
슨 생각으로 이렇게 했습니까?"라고 화를 내는 사람도 있다.

① 세일즈매니저의 말은 세일즈맨에게 중요한 영향을 미친다

"도대체 이렇게 한 이유가 무엇입니까?"라고 질책하는 세일즈
매니저는 '세일즈맨의 행동'에 초점을 맞추고 있다. 컬러로 출력하
라는 자신의 지시를 어긴 것에 대해 세일즈매니저는 세일즈맨의
행동에 초점을 맞춰 질책을 했다. 이럴 경우 세일즈매니저는 세일
즈맨의 '행동'에 초점을 두고 "어떻게 하면 해결이 될까요?"라고
묻는다면 세일즈맨에게 상처를 주지 않으면서 문제를 해결할 수

있는 방법이 된다.

"정말 바보 같네!"라고 한 세일즈매니저의 질책은 세일즈맨에게 어떤 영향을 주게 될까? '바보'라는 말에는 '세일즈맨 자체가 바보'라는 의미가 담겨있다. 이런 종류의 질책은 세일즈맨의 마음 깊은 곳에 상처를 주는 말로 세일즈맨이 자신을 부정적으로 보게 만드는 말이다.

세일즈맨이 자기를 '바보'라고 인식하게 되면 심리적으로 아픔을 느끼게 된다. '나는 정말 바보야.' '나는 잘하는 게 아무것도 없어.'와 같은 말로 자신을 비난하게 된다. 일반적으로 사람들은 괴로운 상황을 피하고 싶어 한다. 바보로 인식된 세일즈맨도 이런 괴로운 상황을 벗어나기 위해 몸부림치게 된다. 그 결과 세일즈를 그만두기도 하는데 이런 괴로운 상황으로부터 벗어나기 위한 어쩔 수 없는 선택이라고 생각한다.

세일즈매니저가 할 수 있는 또 다른 질책으로 "왜 그런 바보 같은 짓을 했어요?"도 같은 방법으로 세일즈맨에게 부정적인 영향을 주게 된다. 여기에서 사용된 "왜?"라는 단어에는 세일즈맨을 추궁하려는 의도가 담겨있다. 세일즈매니저로부터 추궁을 당하고 있다고 생각하는 세일즈맨은 세일즈매니저와 심리적인 관계를 차단하게 된다. 세일즈매니저와의 대화를 기피하기도 하고 세일즈 활동 자체를 포기하는 등 긍정적인 변화를 기대하기는 어렵다. 세일즈매니저가 세일즈맨의 변화를 촉진하기 위해 던진 말들은 세일즈맨에게 예상보다 훨씬 심각한 영향을 미친다.

② 상황에 적합한 단어를 사용하자

세일즈매니저가 하는 말이 세일즈맨에게 미치는 영향은 상당하다. 세일즈매니저가 세일즈맨에게 '말'을 하면 세일즈맨은 자기 나름대로 그 말을 해석하게 된다. 앞에서 설명한 '자극과 반응'에서 세일즈맨의 해석과 평가에 영향을 주는 것 중 하나는 '편견'이다. 평소에 세일즈매니저와 신뢰 관계가 잘 형성된 세일즈맨의 경우 세일즈매니저가 자신에게 하는 말을 '나를 위해 하는 말이구나.'라고 받아들이지만 그렇지 않은 세일즈맨은 '나를 질책하는구나.'로 해석해 오해하게 된다.

이런 문제를 예방하기 위해 세일즈매니저는 상황에 적합한 말을 세일즈맨에게 할 필요가 있다. 위의 사례에서 세일즈맨은 '실수'를 한 것은 명확하다. 하지만 '실수'와 '바보'는 구분을 해야 한다. '실수'는 사람의 '행동'이지만 '바보'는 '사람의 인격'을 설명하는 단어이다. 세일즈매니저의 목적이 세일즈맨의 '행동 수정'이라면 행동 수정을 위한 단어를 사용할 필요가 있다.

세일즈는 세일즈맨의 '행동'과 '능력'에 영향을 받는다. 세일즈매니저가 세일즈맨의 실수를 알았다면 'what'이나 'how'를 사용해 질문할 수 있다. 세일즈매니저로부터 질문을 받은 세일즈맨은 이 질문에 답을 하면서 세일즈에 도움이 되는 행동을 스스로 찾을 수 있다. "무엇을 실수했습니까?"와 "어떻게 하면 세일즈에 도움이 될 수 있겠습니까?"와 같은 질문이 대표적이다. 세일즈매니저는 세일즈맨에게 질문할 때에도 최대한 존중하는 마음을 가져야 한다. 그렇지 않으면 세일즈맨은 '꾸중'을 듣는다고 생각할 수 있다.

이처럼 세일즈매니저가 인식하지 못하고 하는 말이 세일즈맨의 존재 자체를 인정할 수도 있고, 세일즈맨의 마음에 상처를 줄수도 있다. 세일즈매니저와 세일즈맨, 세일즈맨과 고객의 대화 목적은 서로가 좋은 관계를 만들고 세일즈 성과를 올리는 데 있다. 이를 위해서는 대화의 목적을 명확하게 하고, 목적에 적합한 말을 사용할 필요가 있다.

■ 칭찬에는 '독'이 들어있다

세일즈매니저의 칭찬이 항상 긍정적인 효과만 주지는 않는다. 세일즈매니저는 자신의 주관적인 평가 기준에 따라 세일즈맨을 칭찬하게 된다. 세일즈매니저가 세일즈맨이 모두 모인 자리에서 B씨에게 "당신은 다른 세일즈맨보다 우수합니다."라고 칭찬을 했다. 이 말은 'B씨는 사람 자체가 우수하다'로 해석될 수 있다. B씨가 '우수한 사람'이라면 다른 세일즈맨은 '열등한 사람'이 된다.

우수한 사람과 열등한 사람 모두 불편한 상황이 된다.

"A씨는 실적이 우수하시네요."와 같은 칭찬을 하면 A씨는 긍정적인 영향을 받게 된다. 성취에 대한 의지가 강해져 평소보다 더 열심히 노력하는 모습을 보이면서 주변 사람들을 자극하게 된다. '나도 열심히 일해 세일즈매니저로부터 칭찬받고 싶다'고 생각하게 만들어 노력을 유도한다.

세일즈매니저가 세일즈맨을 칭찬하면 주변 세일즈맨들도 자신도 열심히 노력해야 하겠다고 생각하게 만든다. 이처럼 칭찬은 주변 사람들로 하여금 잘한 세일즈맨을 모델로 삼아 좋은 행동을 본받게 하며 경쟁 심리를 갖게 만든다.

그러나 세일즈매니저의 칭찬은 주변 사람들에게 부정적인 영향을 미칠 수 있다. 세일즈매니저가 위의 설명처럼 A씨에게 칭찬을 하면 주변 세일즈맨들은 다양한 생각들을 하게 된다. '나도 실적이 좋은데……', 'A는 칭찬받아서 좋겠다.', '나도 내 몫은 하는데……, 저 사람만 칭찬을 들어.' 그리고 '난 언제나 칭찬받아보나……'와 같은 생각을 하게 된다. '나도 실적이 좋은데……'와 같은 생각에는 자신도 조직을 위해 열심히 기여했지만 세일즈매니저로부터 인정받지 못했다는 서운함이 들어있다.

칭찬을 받지 못한 세일즈맨은 세일즈매니저가 자신을 공정하게 대하지 않는다고 생각해 칭찬받은 세일즈맨에게 적대적인 태도를 보이거나 노골적으로 공격할 수도 있다. "도대체 세일즈매니저와 무슨 관계야?" 혹은 "세일즈매니저에게 잘 보이려면 어떻게 하면 돼?"와 같은 말들로 자신의 서운함을 드러내는 말이다.

하지만 동료로부터 적대적인 말을 듣는 세일즈맨 또한 억울하기는 마찬가지이다.

칭찬의 또 다른 부작용은 칭찬하지 않을 경우 행동의 반복이 멈추는 것이다. 동물원에서 물개나 원숭이 쇼의 장면을 떠올려보자. 관객들 앞에서 동물이 특정 행동을 하면 조련사는 칭찬과 함께 생선이나 과일 등으로 보상을 한다. 조련사는 보상이 없더라도 동물들이 자신이 원하는 행동을 계속 반복해주기를 원한다. 하지만 이런 일은 일어나지 않는다. 동물들은 보상이 있는 경우에만 조련사가 바라는 행동을 한다.

세일즈맨은 칭찬을 들으면 세일즈매니저가 바라는 행동을 할 가능성이 높지만 칭찬이 없다면 세일즈매니저의 바람대로 움직이지 않을 가능성이 높다. 즉, 칭찬이라는 '조건'이 세일즈맨을 움직이게 만든다.

세일즈매니저의 역할은 세일즈맨이 자발적으로 움직이도록 만드는 것이다. 세일즈맨이 활동하면서 칭찬과 같은 외부에서 제공되는 에너지를 얻을 수 있도록 도와야 한다. 하지만 외부에서 제공되는 에너지는 세일즈맨이 원할 때 공급된다는 보장이 없다.

세일즈맨이 필요할 때 에너지가 공급되지 않으면 세일즈맨은 활동이 어려워진다. 세일즈맨의 활동을 유지하기 위해서는 외부에서 공급되는 에너지에 대한 의존을 줄일 필요가 있다.

이런 문제를 해결할 수 있는 방법은 세일즈맨의 내면에서 만들

어지는 에너지이다. 세일즈맨 스스로 만들어내는 내면의 에너지
야말로 세일즈맨을 활기차게 만드는 진정한 힘이 된다.

4

격려는 칭찬과 다르다

격려와 칭찬은 목적과 방법이 다르다. 칭찬은 '결과의 질'에 초점을 두지만 격려는 '노력과 즐거움의 양'에 초점을 둔다. "큰 계약을 성공시키셨네요."는 결과를 중시하는 칭찬이지만 "계약을 위해 다양한 노력을 하셨네요."는 과정에 초점을 둔 격려이다.

결과는 '성공과 실패'로 구분하게 된다. 아무리 열심히 노력을 했더라고 계약을 마무리하지 못하면 결과적으로 실패가 된다.

칭찬받는 사람도 세일즈매니저로부터 평가받는다는 생각이 들수도 있다.

격려는 세일즈맨의 모든 노력을 존중한다. 설사 계약을 마무리하지 못했지만 그 과정까지 가기 위해 한 세일즈맨의 모든 노력이 격려의 대상이 된다. 세일즈매니저로부터 격려 받는 세일즈맨은 세일즈매니저로부터 존중받는다고 생각한다.

칭찬은 세일즈매니저의 관점에서 세일즈맨을 평가한다. "당신은 우수한 세일즈맨입니다."라고 세일즈매니저가 말했다면 '우수한 세일즈맨'에서 '우수한'은 세일즈매니저가 정한 기준이다.

이런 말을 듣는 세일즈맨은 '우수하지 못한 세일즈맨'이 될까 두려워하는 마음을 갖게 된다. 세일즈맨은 세일즈에 성공하지 못하면 우수한 세일즈맨에서 탈락하게 된다. '성공하지 못하면 실패하는 것이다'라는 생각은 두려움을 낳게 되고 새로운 도전을 하지 못하게 만들어 세일즈매니저에 대한 의존이 심해진다.

칭찬과 달리 격려는 노력에 초점을 둔다. 세일즈매니저의 의견이나 동료들과의 비교가 아니라 세일즈맨 자신이 기준이 된다. 사소한 것이라도 향상된 노력의 근거를 바탕으로 한다.

세일즈매니저가 세일즈맨을 격려하기 위해서는 세일즈맨의 모든 것을 그대로 수용해주면 된다. "저는 A씨가 잘 할 수 있으리라 믿습니다."는 세일즈맨의 존재를 인정하는 말이다. 세일즈매니저로부터 이런 말을 듣는 세일즈맨은 자신이 가치 있는 사람이라고 느끼면서 자신감을 가지고 세일즈를 하게 된다.

격려는 세일즈맨에게 발전적인 태도를 갖게 한다. "세일즈를 즐겁게 하시는 모습을 보면 저도 기분이 좋아집니다."와 같은 말은 세일즈맨의 발전에 초점을 두고 격려를 하고 있다.

또한 세일즈매니저의 격려는 주변 세일즈맨에게도 좋은 기분을 유지하면서 용기와 자신감을 갖게 만든다. 이처럼 격려는 격려 받는 세일즈맨은 물론 주변 사람들에게까지 긍정적인 영향을 주게 된다. 격려는 대부분의 상황에서 적절하게 사용될 수 있다.

〈칭찬과 격려의 차이〉

구분	칭찬	격려
사전적 의미	좋은 점이나 착하고 훌륭한 일을 높이 평가함.	용기나 의욕이 솟아나도록 북돋워 줌.
대상	사람: "우수한 세일즈맨이다."	행동: "원하던 목표를 달성하셨네요."
초점	성과의 질	노력과 즐거움의 양
변화의 목적	다른 사람	자신
평가와 판단	평가와 판단이 강해 평가받는다고 느낌	평가와 판단이 거의 없어 수용 받는다고 느낌
생각의 방향	외부: "다른 사람은 어떻게 생각할까?"	내부: "나는 어떻게 생각하고 있는가?"
영향	타인에 대한 의존 강화	자신에 대한 믿음 강화
결과	실패에 대한 두려움 중도에 포기 대립과 경쟁	자부심과 독립심 시도 협력과 기여

5

격려하는 조직문화

세일즈 조직에서 과도한 칭찬보다는 칭찬 부족이 문제가 되는 경우가 많다. 세일즈맨이 좌절하고 낙담하는 이유는 세일즈를 성공시킬 수 있다는 자신의 능력에 대한 확신이 없어서이다. 세일즈 매니저가 그나마 칭찬을 적절하게 활용한다면 세일즈맨에게 자신감을 갖게 만들어 세일즈 성과를 높이는 데 도움이 된다.

칭찬은 잘 쓰면 약이지만 잘못 쓰면 독이 된다. 이런 문제를 해결하기 위한 방법이 '격려'이다.

격려의 사전적 의미는 '용기나 의욕이 솟아나도록 북돋워 줌'이다. '좋은 점이나 착하고 훌륭한 일을 높이 평가'하는 칭찬과는 분명한 차이가 있다. 세일즈맨에 대한 격려는 세일즈맨의 잠재력과 능력에 초점을 맞추고 있다.

세일즈 조직에서 격려가 필요한 또 다른 이유는 '고객'의 존재 때문이다. 세일즈매니저가 세일즈맨을 격려하면, 세일즈맨 또한 고객을 격려하는 선순환의 '격려하는 조직문화'가 형성된다.

격려하는 조직문화에서 세일즈맨은 열정적이 된다. 자신의 역할에 충실하게 되고 도전적인 목표를 달성하기 위해 노력하면서 스스로 '할 수 있다'고 생각하며 자신감을 가지게 된다. 이런 세일 즈맨은 자신의 모든 에너지를 고객에게 쏟게 된다. 고객을 만족 시킴으로써 세일즈 성과 또한 향상된다. 격려하는 조직문화에서 는 조직원들이 다음과 같은 행동들을 한다.

■ 격려하는 조직문화의 특징
- 조직의 비전을 공유한다.
- 조직원들 사이에는 신뢰가 구축되어 있다.
- 조직원들은 상대방에게 자신의 솔직한 의견을 말하고, 말을 듣는 사람은 마음을 열고 상대방의 의견을 듣는다.
- 동료의 능력을 인정한다.
- 자신과 동료는 목표를 향해 함께 하는 사람이라는 것을 믿는다.
- 동료와 수평적인 관계를 형성한다.
- 개인보다는 조직의 성과를 먼저 생각한다.

이런 조직문화를 만들기 위해서는 세일즈매니저의 역할이 중 요하다. 세일즈매니저가 격려하는 조직을 만들기 위해서는 다음 과 같은 역할이 필요하다.

■ 격려하는 조직을 만들기 위한 세일즈매니저의 역할

• 세일즈맨의 발전과 기여에 대한 자신의 기대와 믿음을 전달한다.

• 세일즈맨이 자신에 대한 믿음을 가질 수 있도록 도와준다.

• 세일즈맨에게 노력의 필요성과 중요성에 대해 인식시킨다.

• 세일즈맨 스스로 동기를 부여할 수 있는 능력을 길러준다.

• 세일즈맨에게 관계 형성 능력과 문제 해결 능력을 길러준다.

• 목표 설정 방법과 목표 달성 방법을 알려준다.

• 세일즈맨의 성과를 정확하게 평가하고 솔직하게 피드백한다.

격려는 세일즈맨에게 긍정적인 영향을 준다. 세일즈매니저가 세일즈맨에게 보내는 격려는 주로 비언어적인 방법으로 이루어진다. 세일즈맨이 사무실에 들어올 때 보이는 세일즈매니저의 따뜻한 눈길은 어떤 말보다 더 효과적일 수 있다. 세일즈매니저가 세일즈맨을 격려하기 위해서는 다음과 같은 방법을 사용할 수 있다.

■ 세일즈매니저가 세일즈맨을 격려하는 방법

• 세일즈맨에게 열정을 보인다.

• 세일즈맨의 의견을 존중한다.

• 세일즈맨에게 공감한다.

• 세일즈맨의 의견에 자신의 의견을 덧붙여 건설적인 결과를

만든다.
- 세일즈맨의 과제 해결을 위해 긍정적인 대안을 찾는다.
- 공정한 태도로 세일즈맨을 대한다.
- 여유 있는 태도를 갖는다.
- 힘든 상황에서도 유머 감각을 발휘할 수 있다.

격려는 세일즈맨이 긍정적으로 변화하도록 돕는 과정이다.

격려하는 세일즈매니저는 세일즈맨이 세일즈 과정에서 만나는 장애물을 넘을 수 있도록 하며, 세일즈맨은 물론 주변 사람들에게까지 긍정적인 영향을 준다.

격려의 말은 각각의 상황에서 도움이 되는 행동이 무엇인지, 그런 행동이 세일즈맨 자신에게 어떻게 도움이 되는지와 다른 사람들도 가능하다는 표현으로 이루어진다. 세일즈매니저가 하는 격려의 말은 모든 세일즈맨으로 하여금 행동으로 옮기는 계기가 된다.

세일즈매니저가 세일즈맨을 제대로 격려하기 위해서는 세일즈맨의 행동에 대한 정확한 이해가 있어야 하고, 그 상황에 대한 근거를 바탕으로 표현되어야 한다. 세일즈매니저가 격려를 할 경우 객관성이 있게, 상황에 적합한 표현을 해야 격려의 효과를 높일 수 있다. 즉 격려의 말은 세일즈맨의 행동 그 자체에 대한 피드백을 바탕으로 해야 한다.

세일즈매니저는 세일즈맨을 칭찬할 때보다 질책할 때 더 조심해야 한다. 많은 세일즈매니저는 칭찬에는 인색하면서 세일즈맨의 실수에는 과하게 질책하는 경우가 있다. 실수에 대해 과한 질책을 받은 세일즈맨은 지나치게 긴장을 하면서 에너지가 고갈된다. 또한 세일즈매니저로부터 질책을 듣지 않기 위해 세일즈매니저를 피하게 된다.

격려는 세일즈맨이 실수한 상황에서도 사용할 수 있다. 세일즈맨의 실수로 인해 가장 힘들어 하는 사람은 실수를 한 세일즈맨이다. 실수한 세일즈맨을 향한 세일즈매니저의 질책은 세일즈맨에게 전혀 도움이 되지 않는다. 세일즈매니저는 세일즈맨의 실수를 교육의 기회로 삼아 세일즈맨이 성장할 수 있도록 도와야 한다.

■ 실수 상황에서 사용할 수 있는 격려의 말

- "제품설명에 대한 준비가 부족했네요. 좀 더 체계적으로 준비한다면 다음 계약은 성공할 수 있습니다."
- "정시에 출근 해 제품 특성을 이해하는 시간을 늘리면 성공 가능성을 높일 수 있습니다."

세일즈매니저는 세일즈맨에게 부정적인 표현을 사용하지 않고 자신의 뜻을 전달할 수 있다. 세일즈매니저의 긍정적인 말은 세일즈맨의 경각심을 높이는 역할을 한다.

■ 세일즈매니저의 긍정적인 말

① 세일즈맨을 인정하기 위한 말

• A씨의 세일즈 방법을 다른 사람들도 배우기 바랍니다.
• A씨가 문제를 해결하기 위해 노력하는 방식을 저도 좋아합니다.
• A씨가 만족하는 모습을 보니 저도 기쁘네요.
• A씨는 세일즈를 즐기시네요.

② 세일즈맨에게 신뢰를 나타내는 말

• 저는 A씨가 성공하리라 믿습니다.
• A씨는 그 계약을 성사시킬 겁니다.
• 저는 A씨의 판단을 믿습니다.
• 이번 제안서는 고객의 요구가 까다로워 어려울 수 있지만, 저는 A씨가 해낼 수 있을 거라고 믿습니다.
• A씨는 그 일을 잘 해결할 거라고 믿습니다.

③ 세일즈맨의 기여와 감사를 표현하는 말

• 많은 도움을 주셔서 감사합니다.
• 동료 세일즈맨을 배려하는 A씨의 사려 깊은 행동에 감사합니다.
• B씨가 계약을 마무리할 수 있도록 도와주셔서 감사합니다.

• 격려 문화를 알리기 위해 A씨의 도움이 필요합니다.

④ 세일즈맨의 노력과 발전을 표현하는 말

• A씨는 이번 계약을 위해 열심히 준비하고 계시네요.

• 이번 계약에 많은 시간을 투자하는 것처럼 보이네요.

• A씨는 계속해서 노력하고 계시네요.

• A씨가 지금까지 이루어낸 성과들을 보세요.

• A씨는 계속해서 발전하고 있습니다.

• 지금까지 만들어 온 성과를 보면 얼마나 많은 노력을 기울였 는지 알 수 있습니다.

세일즈매니저가 세일즈맨에게 격려의 말을 할 때 가장 중요한 것은 '태도'이다. 세일즈맨을 진심으로 존중하고 애정을 갖고 하 는 격려의 말은 세일즈맨에게 도움이 되지만 억지로 하는 격려는 오히려 부정적인 영향을 미치게 된다. 격려의 목표는 세일즈맨의 '나는 할 수 없어'를 '나는 할 수 있다'로 생각하도록 하는 것이라 는 사실을 잊지 말자.

TIP : 격려는 혼자서도 할 수 있다

세일즈맨은 세일즈 과정에서 많은 에너지가 소모된다. 세일즈매니저의 격려는 세일즈맨과 함께 할 때에만 가능하다. 많은 시간을 혼자 해야 하는 세일즈맨은 스스로에게 하는 격려 방법을 익힐 필요가 있다. 고객을 만나 에너지가 소진되었다고 느낄 때 격려를 통해 에너지를 보충하고 다음 고객을 만나야 한다.

- 나는 나를 사랑한다.
- 나는 더 할 수 있어. 나의 생각을 펼치자.
- 나는 지금 점점 더 발전하고 있어.
- 나는 어떤 상황에서도 잘 대처할 수 있는 사람이야.
- 나 자신을 믿고 나아가자.
- 아직 실패한 건 아무것도 없어. 포기하기 아직 일러.
- 지난달에 무슨 고민을 했는지, 작년에 무슨 고민을 했는지 기억하는가?
- 이것 또한 지나가리라. 그러니 즐기자.
- 나는 이 문제를 해결할 수 있을만한 용기와 실력을 갖추고 있다.
- 조금만 천천히 말한다면 모든 말을 마법처럼 잘 할 수 있다.
- 내 마음은 차분하고 호수처럼 잔잔하다. 의식은 명료하고 아무것도 두렵지 않다.
- 더 어려운 상황 속에서도 언제나 일어났잖아.
- 어두운 터널 뒤에는 늘 빛이 기다리고 있어. 앞이 보이지 않아도 우선 걸어가자.
- 내가 어려우면 남도 어려운거야. 상황이 같다면 내가 유리해. 늘 그래왔으니까….
- 내가 못하는 것은 다른 누구도 할 수 없다. 내가 하는 것이 최선이고 최고다.
- 누구보다 많은 준비를 했어. 준비한 만큼만 하자.
- 용감한 사람이란 힘들지 않은 사람이 아니라, 그 힘듦을 자신의 내면의 힘으로 초월하는 사람이래. 너의 내면의 힘을 믿어! 화이팅!
- 지금 힘든 것은 앞으로 나아가고 있기 때문이고, 도망치고 싶은 것은 지금 현실과 싸우고 있기 때문이고, 불행한 것은 행복해지기 위해 노력하기 때문이다.
- 자, 다시 일어나 가자!
- 조급해하지 말고 편하게 생각하자.

6

세일즈매니저와 세일즈맨은 파트너다

파트너십 형성을 위해서는 신뢰가 필요하다

파트너십은 '둘이 짝이 되어 협력하는 관계'를 의미한다. 세일즈매니저와 세일즈맨이 '파트너십을 갖는다'는 것은 둘이 '협력하는 관계'라는 것과 같다. 세일즈매니저와 세일즈맨이 협력하기 위해서는 '자신이 상대방에게 도움이 된다'는 믿음에 대한 확신이 필요하다.

세일즈매니저와 세일즈맨 사이에는 믿음이 필요하다. 세일즈매니저와 세일즈맨 사이에 신뢰가 없으면 제대로 된 조직이 만들어질 수 없다. 세일즈매니저와 세일즈맨이 서로를 믿지 못하게 되면 서로 협력하기는커녕 상대방의 의도를 의심하게 되고, 이런 태도가 갈등을 만들어 조직을 쉽게 무너지게 만들 수 있다. 조직의 성장과 발전을 위해서는 세일즈매니저와 세일즈맨 사이의 신뢰가 필요하다.

세일즈매니저가 '나는 세일즈맨을 신뢰한다.'고 말했다면 '신뢰'

는 세일즈매니저의 마음 깊숙한 곳에서 세일즈맨을 이해하고 믿으며 편안하고 즐거운 분위기를 느끼는 상태라는 것을 의미한다. 한마디로 세일즈맨의 말이나 행동에 대해 의심하지 않고 온전하게 믿는다는 뜻이다.

신뢰는 인간관계에 있어서 소통을 위한 가장 중요한 기반이다. 세일즈와 관련된 사람들 사이에 신뢰가 없다면 세일즈는 존재할 수 없다. 세일즈맨과 고객 사이에 신뢰가 없으면 세일즈 성과를 내기란 불가능에 가깝다. 이렇게 세일즈 조직에서 신뢰가 세일즈 성과에 결정적인 영향을 미치고 있지만 일부 세일즈 조직에서 '신뢰'의 중요성과 필요성에 대해 무관심한 경우가 많다.

1) 신뢰 형성에 필요한 요소

세일즈맨과 협력적인 관계를 형성하기 위해서는 신뢰가 절대적으로 필요하다. 세일즈매니저와 세일즈맨은 서로의 마음속에 불편함이 없어야 세일즈 활동에 모든 에너지를 쏟을 수 있다.

만약 서로에 대해 신뢰하지 않으면 '열심히 해봐야 나만 손해다'라는 생각이 들면서 최선을 다하지 않게 된다. 서로에 대한 이런 의심은 모두에게 부정적인 영향을 미치게 된다.

■ 신뢰의 4가지 특징

① 신뢰란 모험과도 같다. 상대방을 신뢰할 때 좋은 결과를 낳을 수도 있지만 나쁜 결과를 가져올 수도 있다.

② 신뢰는 자신의 권한이나 역할을 상대방에게 맡기는 행동이다. 즉 스스로 상대방의 영향력 범위 안으로 들어가게 된다.

③ 신뢰의 결과가 실망스러울 때는 신뢰로 얻을 수 있는 이익보다 훨씬 더 나쁘다.

④ 상대방을 신뢰하는 사람은 상대방이 자신의 신뢰를 악용하지 않는다는 긍정적인 기대를 가지고 상대방을 대하고 있다.

회사나 세일즈매니저가 세일즈맨을 신뢰한다는 사실을 위의 4가지 특징으로 설명하면 다음과 같다.

■ 세일즈매니저가 세일즈맨을 신뢰할 때의 생각

• 세일즈맨은 계약에 실패할 수 있다.

• 계약과 관련한 모든 권한을 세일즈맨에게 맡겼다.

• 세일즈맨의 윤리적이지 못한 행동은 회사의 신뢰에 치명적인 영향을 미칠 수 있다.

• 세일즈맨이 자신을 실망시키지 않을 것이라고 기대하고 있다.

회사나 세일즈매니저는 세일즈맨이 회사에 부정적인 영향을 미칠 수 있다는 사실을 알고 있으면서도 기꺼이 세일즈맨을 신뢰하는 모험을 한다. 신뢰는 의도적으로 계산된 모험을 내포한다.

이에 비해 세일즈맨에 대한 불신은 세일즈맨이 만들 수 있는 위협적인 상황에 대한 반사적 반응이며, 세일즈매니저가 자신을 보호하는 방법이다. 세일즈맨을 불신하는 세일즈매니저나 고객은 상대방의 공격으로부터 '방어용 진지'를 구축하고 어떤 '허점'도 보이지 않으려고 '방어막' 뒤에 숨어 스스로를 감추는 행동을 한다.

세일즈매니저가 세일즈맨의 신뢰를 얻기 위해 감수해야 할 것이 있다. 세일즈맨을 신뢰하는 세일즈매니저는 세일즈맨이 걱정하거나 의심하지 않도록 자신의 우월한 지위를 포기하고, 세일즈맨을 공격할 수 있는 무기도 버려야 한다. 심지어 자신도 마음에 상처를 입을 수 있다는 각오가 필요하다.

또한 세일즈맨과의 신뢰 관계를 형성하는데 세일즈매니저의 자신감이 중요한 역할을 한다. 세일즈매니저 스스로 자신감이 있고 자신을 존중한다면 세일즈맨의 행동을 긍정적 혹은 중립적으로 받아들일 수 있다. 반면 세일즈매니저 스스로 자신을 외롭고 가치가 없는 사람으로 생각하고 자신의 역할에 대해서도 의미가 없다고 여기면 세일즈맨의 행동을 부정적으로 받아들이게 된다.

대인 관계에서의 신뢰는 강한 '자의식'이 전제되어야 한다.

자신의 약점이나 실수에 대해 공개적으로 책임을 지고, 자신의 내면에서 일어나는 걱정을 극복할 수 있는 세일즈매니저만이 세일즈맨과 신뢰 관계를 형성할 수 있다. 따라서 세일즈맨과의 관계에서 신뢰를 경험한 세일즈매니저만이 세일즈맨과 솔직하게 대화할 수 있다. 세일즈맨에 대한 신뢰는 세일즈매니저의 다음과 같은 행동으로 만들어진다.

① 자기 공개

세일즈맨을 신뢰하는 세일즈매니저는 개인적으로 모험을 건다. 세일즈매니저는 세일즈맨과의 사이에서 만들어진 당혹스러운 상황, 희망과 걱정 등을 솔직하게 표현하면서 자신의 마음 깊숙한 곳에 자리 잡고 있는 모든 것들을 세일즈맨에게 털어놓아야 한다. 세일즈맨은 세일즈매니저의 이런 행동이 당혹스러울 수 있지만 진심을 알게 되면 신뢰하게 된다.

② 관용

세일즈매니저는 세일즈맨을 도발하거나 상처를 줄 수 있는 모든 가능성을 없애야 한다. 세일즈매니저가 세일즈맨과 대화하는 과정에서 나오는 세일즈맨의 약점이나 상처에 대해 자신이 세일즈맨을 휘어잡을 수 있는 좋은 기회라는 생각을 버려야 한다.

■ 신뢰 관계를 형성하는 방법

대부분의 사람들은 낯선 곳에 가면 두려움을 느낀다. 외국뿐만 아니라 우리나라에서도 자신이 가본 경험이 없는 낯선 곳에 가면 행동이 소심해지고 자신감이 떨어지면서 조심스러워진다. 마음이 편안하지 않고 항상 긴장하기에 피로를 느끼는 정도도 익숙한 장소에 비해 훨씬 높다.

자동차를 운전하면서 목적지로 향하는 경우를 생각하면서 다음 표를 정리해보자.

구분	낯선 장소	익숙한 장소
생각		
기분		
행동		

성과를 내는 세일즈매니저는 무엇이 다른가

대부분의 사람들은 익숙하지 않은 길에서 조심스럽게 운전한다. 두 손으로 핸들을 꼭 잡고 전방만을 살피게 된다. '지금 내가 맞게 가는 건가?'라는 의심을 하면서 목적지를 지나치기 않기 위해 천천히 운전하게 된다. 주변 경치를 감상할 여유도 없이 목적지에 도착할 때까지 긴장하게 된다. 이런 상태로 목적지에 도착하면 긴장이 풀리면서 피로감이 몰려온다.

반면 자신에게 익숙한 길을 갈 때에는 완전히 다른 모습이다. 편안한 마음으로 주변 경치도 여유롭게 감상하면서 걸려오는 전화도 받고, 심심하면 라디오도 들으면서 빠른 속도로 운전할 수 있다. 익숙한 길을 운전하면 낯선 길을 운전하는 것보다 상대적으로 덜 피곤한데 그만큼 에너지 소모가 적었기 때문이다.

사람들은 자신에게 익숙한 방법으로 행동할 때 편안함을 느낀다. 자신에게 익숙한 업무를 처리할 때 훨씬 능숙하고 편안하게 처리할 수 있듯이 사람과의 관계에서도 마찬가지다. 사람들은 자신이 경험하고 있는 세계와 같은 세계관을 공유하는 사람과 무의식적으로 '신뢰 관계'를 형성한다. 자신과 공통점이 많다는 것은 상대방과 익숙한 부분이 많아 상대적으로 많은 에너지를 사용하지 않아도 상대방과 교류가 가능하다는 의미이다.

'학연', '지연'과 '혈연'이 관계 형성에 중요한 역할을 하는 이유도 여기에 있다. 학연, 지연과 혈연은 사람들에게 강한 공통점을 안겨준다. 상대방과 같은 공간에서 공부하고 같은 지역에서 살았고 같은 피를 이어받았다는 사실을 알게 되면 상대방과 자신은 보이지 않는 끈으로 연결되어 있다고 느끼게 된다.

공통점이 있다는 사실을 인식하는 순간 두 사람은 마음이 편안해진다. 편안함은 서로에게 호감을 만들고 상대방을 '자신과 같은 편'으로 인식하게 되면서 마음 깊숙한 곳에서 믿음이 만들어진다.

공통점은 친근감을 느끼게 만들지만 차이점은 서로를 불편하게 만들어 대화가 단절되거나 갈등으로 이어지기도 한다. 따라서 신뢰 관계를 형성하기 위해서는 공통점을 찾을 필요가 있다.

세일즈매니저가 세일즈맨과 신뢰관계 형성을 위해 공통점을 많이 발견할 필요가 있다. 세일즈매니저와 세일즈맨 사이에는 같은 사무실을 사용하고 성과 향상이라는 같은 목표를 향해 달려가는 사람들이라는 공통점이 있다.

눈에 보이는 공통점은 발견하기가 쉽지만 신뢰 관계의 효과는 떨어진다. 반면 눈에 보이지 않는 공통점은 찾기는 어렵지만 찾을 수만 있다면 효과는 훨씬 뛰어나다. 학연의 경우 눈에 보이지는 않지만 '학교'라는 공통된 공간에서 함께 했다는 경험들이 두 사람을 묶어주는 역할을 한다. 지연이나 혈연도 학연과 마찬가지로 눈에 보이지 않는 공통점들이다. 세일즈매니저는 세일즈맨을 끊임없이 살펴 다양한 공통점을 발견하고 그 사실을 세일즈맨에게 알릴 필요가 있다.

■ 신뢰 관계 형성을 방해하는 요소

세일즈매니저가 세일즈맨들과 신뢰를 형성하기까지 많은 시간
과 노력이 필요하다. 어렵게 만든 신뢰 관계도 한 순간에 무너질
수 있다. 그러므로 신뢰 관계를 유지하기 위해 신뢰 관계에 부정
적인 영향을 미치는 요소를 이해해야 한다.

① 의견 무시

세일즈매니저에게 세일즈맨이 자신의 의견을 말하기 위해서는
큰 용기기 필요하다. '내가 이런 말을 할 때 세일즈매니저가 면박
을 주면 어쩌지?'와 같은 두려움을 이겨내야 비로소 자신의 생각
을 말로 표현하게 된다. 또한 세일즈매니저에게 조금이라도 도움
이 되기를 바라는 마음으로 말을 했는데 세일즈매니저가 자신의
마음을 몰라준다고 생각하면 마음의 문을 닫게 된다.

② 비난과 비판

사람들은 누군가로부터 자신이 부족하다는 말을 들으면 상처
를 입게 된다. 마음의 상처로부터 자신을 보호하기 위해 비난이
나 비판과 같은 부정적인 말을 하는 사람을 피하게 된다.

세일즈매니저가 세일즈맨을 향해 부정적인 의미가 담긴 말을
했다면 세일즈매니저는 세일즈맨의 긍정적인 면보다는 부정적인
면에 초점을 맞추고 있다는 것을 의미한다. 특히 세일즈매니저의

주관적이고 일방적인 지적은 세일즈맨에게 고통을 주게 되고 관계를 멀게 만드는 원인이 된다.

③ 강요와 강제

세일즈매니저는 세일즈맨이 자신의 말을 '따를 것이다'라고 생각하면서 말을 한다. 하지만 세일즈맨은 세일즈매니저의 말이 자신에게 도움이 되지 않다고 생각되면 세일즈매니저의 바람대로 행동하지 않는다. 세일즈매니저는 세일즈맨의 이런 모습을 보면서 '감히 내 지시를 무시해?'라고 괘씸하게 생각하면서 더 강한 지시를 하게 된다. 이럴 경우 세일즈맨은 세일즈매니저가 자신에게 강요한다고 생각한다.

세일즈매니저가 자신의 의견을 관철시키기 위해 세일즈맨에게 압박을 가하더라도 효과는 그리 크지 않다. 오히려 세일즈맨과의 관계만 악화시킬 뿐이다.

강요하는 사람을 좋아하는 사람은 아무도 없다. 아직도 많은 세일즈매니저들은 세일즈맨에게 실적을 강요하면 성과가 향상된다고 믿고 실천하고 있으나 그 효과는 일시적일 뿐이다. 오히려 세일즈맨들의 반발을 불러일으켜 장기적으로는 성과에 부정적인 영향을 미치게 되면서 세일즈매니저에게도 치명상을 입히게 된다.

④ 다른 사람과의 비교

사람은 누구나 존중받기를 원한다. 자신이 다른 사람과 비교 열위에 놓이는 상황을 편안하게 받아들이는 사람은 없다. 세일즈 매니저가 세일즈맨을 자극해 세일즈 성과를 높이기 위해 A씨와 B씨의 실적을 비교하는 경우가 있다. 이럴 때 실적이 낮은 A씨는 B씨에 대해 적개심을 갖게 되면서 '저 사람 때문에 내가 힘들다.' 는 생각을 하게 된다. A씨는 B씨보다 열등하지 않다는 것을 증명 하기 위해 B씨에 대한 험담 등을 하게 된다. 이런 행동은 조직의 균열을 가져오는 시초가 된다.

⑤ 다른 사람들과의 경쟁을 부추김

세일즈맨이 다른 세일즈맨과 경쟁하는 경우 경쟁 상대를 동료 가 아니라 물리쳐야 할 적으로 생각하게 된다. 이런 상황에서는 동료 세일즈맨과 같은 공간에 있는 것이 불편하다. 자신을 힘들 게 만드는 세일즈매니저에 대한 감정 또한 긍정적일 수가 없다.

자신에게 괴로운 경험을 안겨주는 사람을 좋아하는 사람은 아 무도 없다. 자신을 불편하게 만드는 세일즈매니저에 대해 '저 사 람은 나를 괴롭히는 사람이야.'라는 생각을 하게 되고 더 이상 그 사람을 가까이 하지 않게 된다.

⑥ 부정적인 면에 집중

사람들은 자신의 부족한 부분에 대해 지적받으면 불편해한다. 일부 세일즈매니저는 실적이 부진한 사람에게 자극을 주려고 일부러 아픈 부분을 지적하기도 한다. 하지만 이런 지적은 세일즈매니저나 세일즈맨에게 아무런 도움이 되지 않는다. 만약 이런 지적이 성과에 도움이 된다면 실적이 부진한 세일즈맨은 아무도 없을 것이다.

세일즈맨의 약한 부분은 깨지기 쉬운 계란과 같이 조심스럽게 다룰 필요가 있다. 세일즈매니저의 역할은 세일즈맨의 아픈 부분을 보호해 세일즈맨이 자신감을 가지고 세일즈를 할 수 있도록 돕는 것이다. 세일즈매니저가 세일즈맨의 노력을 인정하고 세일즈맨의 부족한 부분을 보완하기 위해 함께 노력해 간다면 세일즈맨은 세일즈매니저를 신뢰하고 존경하게 된다.

⑦ 책임 부인

세일즈맨이 경험하는 가장 황당한 경우 중 하나는 세일즈매니저가 자신의 책임을 회피하는 것이다. 세일즈매니저가가 자신이 한 결정을 부정하면 세일즈맨으로서는 상당히 곤혹스럽다. 이런 경험을 한 세일즈맨은 더 이상 세일즈매니저의 말을 믿지 않게 된다. 세일즈맨은 세일즈매니저의 말에 의심부터 하게 되고, 자신을 보호하기 위해 다양한 방법을 사용하게 된다. 세일즈매니저와 세일즈맨 사이에는 높은 불신의 벽이 만들어지고 소통은 단절된다.

⑧ '결과'에 따른 보상

> 상반기 세일즈 결과와 함께 상금도 나왔습니다. 그동안 고생한 여러분을 위로하기 위해 오늘 오페라 관람을 하려고 합니다. 하지만 전부가 아니라 목표를 달성한 사람만 보도록 하겠습니다. 목표를 달성하지 못한 사람은 사무실에서 일을 하다 시간에 맞춰 회식 장소로 오기 바랍니다.

만약 이런 말을 들었다면 기분이 어떻겠는가? 오페라 공연을 보면서 즐거워하는 세일즈맨도 있겠지만 공연을 보면서 '만약 내가 다음에 목표를 달성하지 못하면 어떻게 되는 거지?'라는 의문이 들 수 있다. 또한 함께 하지 못하는 동료에 대한 미안함으로 오페라에 집중하지 못하게 된다. 결국 오페라 공연을 보는 세일즈맨도 오페라 공연을 보지 못하는 세일즈맨처럼 불편한 기분을 느끼게 된다.

세일즈매니저가 더 많은 관심을 보여야 하는 사람은 계약이 부진한 세일즈맨이다. 이런 사람에게 보내는 세일즈매니저의 따뜻한 관심은 세일즈맨을 다시 뛰게 만드는 보약이 된다.

세일즈매니저는 모든 세일즈맨에게 동일한 관심과 신뢰를 보여야 한다. 이렇게 하기 위해서는 세일즈매니저의 많은 노력과 열정이 필요하다. 노력은 결코 배신하지 않는다. 신뢰는 상당한 무게를 가지고 있어 움직이게 만들기는 어렵지만 한 번 움직이기 시작하면 약간의 힘만으로도 계속 움직이게 할 수 있다.

세일즈매니저는 자신감과 확신이 필요하다. 세일즈매니저가 세일즈맨에게 자신의 마음을 보여도 세일즈맨의 호응이 없을 때 포기하고 싶어진다. 이런 경우 일수록 세일즈맨에게 신뢰를 주고 세일즈맨이 자신을 신뢰할 수 있다는 확신을 가질 때 노력의 결실을 보게 된다.

CHAPTER 5

성과 향상을 위한
태도와 대화는
따로 있다

모든 조직의 리더는 조직원과의 '소통'을 강조한다. 조직원과의 소통이 조직의 성과를 결정하기 때문이다. 리더에게 소통이 중요하다고 강조하는 이유는 무엇일까? 다음 두 가지 사례를 보자.

사례 1

김 과장: 부장님, 이번 달 목표는 전월 대비 5% 정도 향상하는 것으로 잡았습니다.

조 부장: 김 과장, 자료는 제대로 검토하고 목표를 잡은 거야? 김 과장 맘대로 할 거면 혼자서 일 해!

사례 2

김 과장: 부장님, 이번 달 목표는 전월 대비 5% 정도 향상하는 것으로 잡았습니다.

최 부장: 김 과장이 신중하게 내린 결론이라고 생각하네. 그래, 그렇게 결정한 이유를 알고 싶네.

사례1의 경우 조 부장이 말을 하는 순간 김 과장의 마음속에서는 서리가 내리면서 업무에 대한 의욕이 사라지고 만다. 반대로 사례2의 경우 최 부장은 김 과장에게 자신의 생각을 편안하게 설명할 수 있는 기회를 주고 있다. 상사가 부하의 말을 끝까지 들어주는 것만으로도 부하의 마음이 편안해지면서 자신의 의도를 정확하게 설명할 수 있는 기회를 갖게 된다. 상사가 부하의 말을 제대로 듣지도 않고 의사결정을 하게 되면 부하는 상사가 자신을 무시한다고 생각하면서 마음속에는 불만의 싹이 자라면서 자라게 된다.

세일즈매니저가 세일즈맨의 신뢰를 얻는 방법 중 하나는 세일즈맨의 말을 끝까지 들어주는 것이다. 세일즈매니저가 세일즈맨의 말을 끝까지 듣기란 쉽지 않다. 특히 자신이 유능하고 경험이 많다고 생각하는 세일즈매니저일수록 세일즈맨의 말을 끝까지 듣기보다는 말하는 도중에 중단시키는 경우가 많다. 세일즈맨의 말을 중간에 자르더라도 내용을 전부 파악했다고 생각하기 때문이다.

하지만 다른 사람의 말을 잘 들어주는 것은 의사결정에 도움이 될 뿐만 아니라 세일즈맨의 사기에도 중요한 영향을 미치게 된다. 세일즈매니저가 세일즈맨의 말을 끝까지 듣지 않게 되면 세일즈맨이 전달하려는 정보를 제대로 파악하지 못해 잘못된 정보를 바탕으로 의사결정을 해야 하는 경우도 생기고, 세일즈맨의 반발을 살 수도 있다. 세일즈맨은 '어차피 내 말을 제대로 듣지도 않을 텐데 대충 시키는 대로 해야지 뭐'라고 생각하면서 소극적으로 대화를 하게 된다.

많은 세일즈 조직에서 조직 활성화를 위한 비용을 쓰지만 큰 효과를 보지 못하고 있다. 분위기가 좋은 조직의 공통점은 인위적으로 하는 조직 활성화가 아니라 상대방이 하는 말을 제대로 들어주는 것, 즉 서로를 믿고 존중하는 행동의 결과물이다.

세일즈매니저가 세일즈맨의 말을 끝까지 들어주는 것은 서로의 신뢰를 얻을 수 있는 가장 손쉬운 방법이다.

1

신뢰와 성과를 높이는 대화법

사람들은 자신의 커뮤니케이션 스킬을 높게 평가한다. 세일즈
매니저나 세일즈맨 중에도 커뮤니케이션 스킬에 대한 자신감으
로 교육의 필요성을 크게 느끼지 못하는 사람들이 있다. 하지만
이런 착각은 자신을 발전시킬 수 있는 기회를 잃어버리게 만드는
원인이 된다.

세일즈 조직에서 발생하는 대부분의 갈등은 대화 방법에 원인
이 있다. 대화 방법은 대화 결과에 많은 영향을 미친다. 세일즈매
니저가 효과적인 대화 프로세스를 익히게 되면 갈등을 줄이고
신뢰를 높일 수 있다. 세일즈매니저 A와 세일즈맨 B의 대화 사례
를 통해 대화 프로세스에 대하여 알아보자.

A : 저, 제가 담당하고 있는 계약에 대해 의논드리고 싶습니다.

B : 아, 참. 그 계약은 잘 진행되고 있죠? 이 계약에 문제가 생기면 이번 달 부서 목표 달성에 차질이 생기는 거 알고 있죠? 마지막까지 긴장을 풀지 말고 최선을 다해주기 바랍니다. 그래, 상의할 일이 있다고 했는데 무슨 내용입니까?

A : 저……, 고객이 계약을 다음 달로 늦추고 싶다고 문자를 보내왔습니다.

B : 아니. 지금 그게 무슨 소리? 어제도 아무 문제없다고 그렇게 큰소리치더니…….

A : 남편이 조금 더 생각해보자고 어제 저녁에 말해서……. 저도 문자를 지금 받아서 조금 당황스럽습니다.

B : 도대체 무슨 근거로 그동안 그렇게 자신 있게 말한 겁니까? 고객과 진짜로 얘기한 건 맞아요?

A : …….

B : 혹시 오페라 관람 때문에 안 되는 계약을 된다고 말한 거 아닙니까?

A : 아니, 지금 무슨 말씀이세요? 그럼 내가 오페라 관람을 하려고 고객과 짜고 매니저님을 속였다는 건가요? 이건 좀 심한 거 아닙니까?

B : 그럼 도대체 계약이 제때 안 되는 이유가 뭔가요?

A : 그걸 모르겠으니까 같이 해결하자고 말하는 거 아닙니까? 도와줘도 시원찮을 판에……. 다른 사람들이 조심하라고 그렇게 말할 때도 설마 했는데……. 매니저님의 본심을 제대로 알게 해줘 고맙습니다.

B : 뭐라고요?

상대방을 향한 부정적인 말은 반사적 반응을 하게 만든다.

대화 사례에서처럼 '세일즈매니저 B'는 문제 해결에 집중하기보다는 '세일즈맨 A'를 의심하고 비난하는 데 집중하고 있다.

세일즈매니저로부터 비난을 듣는 세일즈맨은 변명하거나 반발하면서 세일즈매니저를 공격하게 된다.

세일즈매니저가 세일즈맨에게 소리를 지르고 비난을 하더라도 해결되는 문제는 아무것도 없다. 세일즈매니저가 B와 같은 방법으로 대화를 하게 되면 세일즈맨의 반발을 불러 문제 해결을 더 어렵게 만들 뿐이다.

세일즈매니저와 세일즈맨이 대화할 때 발생할 수 있는 부작용을 줄이고, 문제 해결에 도움을 주기 위해 만들어진 대화 방법을 'EASE 대화 모델' 혹은 'EASE 대화 프로세스'라고 한다. EASE 대화 모델로 대화하면 문제 해결에도 도움이 되고, 갈등도 예방할 수 있을 뿐만 아니라 세일즈맨과의 신뢰 형성에도 도움이 된다. EASE 대화 모델은 세일즈맨을 존중하고 문제를 수월하게 해결하기 위한 방법으로 자신의 업무 처리 방식을 다른 사람에게 강요하는 세일즈매니저뿐만 아니라 소통 능력이 부족해 소통 능력 향상이 필요하다고 생각하는 세일즈맨에게도 도움이 된다.

'EASE'에는 근심이나 걱정이 없는 편안함과 안락함의 의미도 있고, 쉽고 용이하다는 의미가 담겨있다. 세일즈맨이 긴장된 마음을 이완시키고 업무에 집중할 때 비로소 성과 향상이 가능하다는 의미를 포함하고 있다. EASE 대화 모델은 Ease(대화 분위기 만들기), Aware the Issues(문제 인식하기), Search for Solutions(해결 방법 찾기) 그리고 Execute(실행하기)의 네 단계로 구성되어 있다. 단계별로 설명하면 다음과 같다.

1) EASE 프로세스

- Step1. Ease(대화 분위기 조성)
- Step2. Aware the Issues(문제 인식하기)
- Step3. Search for Solutions(해결안 탐색하기)
- Step4. Execute(실행하기)

■ **Step 1. Ease**(대화 분위기 조성)

대화에서 가장 먼저 해야 하는 것은 '대화 분위기 조성'이다. 세일즈매니저가 대화를 위해 세일즈맨을 부를 때 세일즈맨은 '무슨 일로 부르지?'와 같은 생각을 하면서 경계부터 한다.

세일즈맨이 세일즈매니저와의 대화에 부담을 갖게 되면 진솔하고 의미 있는 대화를 나누기는 어렵다.

편안한 상태에서 대화를 시작하면 세일즈맨도 마음을 열고 대화에 임한다. 세일즈맨이 마음을 열고 대화하면 대화의 효과는 높아진다. 세일즈매니저는 세일즈맨이 마음을 열고 자신의 말을 듣고 있다고 생각될 때 대화의 주제를 업무적인 것으로 옮겨가면 된다.

대화 분위기를 조성하기 위해서는 두 가지 전제 조건이 있다. 하나는 세일즈맨에 대한 판단을 보류하는 것이고, 다른 하나는 세일즈맨을 대화 파트너로 인정하면서 심리 에너지를 높이는 것이다. 이런 방법에는 '공감'이나 앞에서 설명한 '격려'가 있다.

공감(empathy)은 상대방이 인식할 수 있는 대화 방법으로, 편안한 대화 분위기를 조성하는데 도움이 된다.

▶ 상대방의 행동을 이해하려는 태도가 중요하다

사람들은 자신이 원하는 결과를 얻지 못하면 화를 내는 경우가 많다. 세일즈매니저 B가 세일즈맨 A에게 화를 낸 이유는 계약 진행 상황이 자신의 기대에 미치지 못했기 때문이다. 세일즈매니저는 원하는 결과를 얻지 못하게 만든 세일즈맨 A에게 화를 내는 것으로 자신의 실망한 마음을 표현했다.

하지만 화는 문제를 해결하기는커녕 상대방의 마음에 상처만 남기고, 해결과는 멀어지게 만든다. 세일즈매니저가 세일즈맨에게 화를 내면 세일즈맨은 오히려 마음의 문을 더욱 단단히 잠그게 된다. 이런 상태가 되면 세일즈매니저와의 대화가 중단되면서 문제 해결은커녕 관계만 틀어지게 된다. '급할수록 돌아가라'는 속담처럼 이런 상황일수록 마음을 가라앉히고 문제 해결에 집중할 수 있는 분위기 조성이 필요하다.

사람은 자기 나름대로의 기준을 가지고 행동한다. 세일즈매니저의 입장에서 세일즈맨의 행동이 전혀 이해가 되지 않을 때가 있다. 세일즈맨은 분명히 목적을 가지고 행동하지만 세일즈맨의 행동을 제대로 이해하지 못하는 세일즈매니저의 눈에만 이상하게 보일 뿐이다. 이럴 경우 세일즈매니저는 두 가지 반응을 선택할 수 있다. 세일즈매니저 나름대로 세일즈맨의 행동을 해석해 '저 사람은 왜 저런 이상한 행동을 하지?'라고 비난하는 반사적 반응과 '저 사람이 저렇게 행동하는 이유가 무엇일까?'라는 의문을 가지고 그 사람에게 이유를 물어보면서 행동을 이해하는 의식적 반응이 있다. 어떤 방법이 갈등을 줄이고 상대방을 이해하는데 도움이 되는지는 명확하다.

▶ 공감에 대한 이해가 필요하다

공감은 대화 상대방의 감정을 인식하고 이해하는 방법이다.

공감은 세일즈매니저가 세일즈맨과 의견을 같이 하는 '동의'와는 의미가 다르다. 많은 세일즈매니저들이 공감의 필요성을 알면서도 사용을 주저하는 이유가 '내가 이렇게 말하면 세일즈맨이 자신의 의견에 동의한다는 의미로 받아들이지 않을까?'하는 걱정 때문이다.

〈공감과 동의 비교〉

구분	공감	동의
대상	세일즈맨의 감정	세일즈맨의 주장과 생각
방법	세일즈맨의 입장에서 세일즈맨의 감정을 이해	세일즈맨의 행동을 승인
예	많이 힘들죠?	A씨 생각대로 하세요. A씨 생각이 옳네요.

세일즈맨은 세일즈매니저가 자신의 마음을 이해하지 못한다고 느낄 때 불안하거나 공격적이 된다. 세일즈매니저가 세일즈맨의 말을 잘 듣고, 세일즈맨의 마음을 이해한다고 표현하는 것은 세일즈맨과의 신뢰 형성에 중요한 역할을 한다.

공감은 세일즈맨과의 관계에 긍정적인 영향을 주지만 세일즈매니저가 업무에 활용하는 경우는 드물다. 공감을 제대로 활용하지 못하는 이유 중 하나는 '공감에 대한 두려움' 때문이다. 세일즈매니저의 '내가 공감해주면 자기가 잘한 줄 알 텐데……'와 같은 생각은 공감하기를 주저하게 만든다.

공감하기 위해서는 세일즈맨이 무슨 말로 자신을 표현하든 세일즈맨의 말 뒤에 있는 감정을 나름대로 추측해보아야 한다.

세일즈매니저는 공감할 때 세일즈맨의 마음속에서 일어나는 일을 확실히 알 수 없다는 사실을 인정하고 세일즈맨만이 자신의 감정을 알고 있다고 인정할 필요가 있다. 비록 세일즈매니저가 세일즈맨의 감정을 정확하게 이해하지 못한다고 해도 세일즈맨이 자신의 감정을 찾아가는 데 도움이 될 수 있다.

세일즈맨은 다른 사람에게 화를 내거나 여러 가지 감정 표현을 통해 자신이 지금 겪고 있는 고통의 책임을 돌리려 한다. 세일즈매니저는 세일즈맨의 이런 행동을 보면서 아픔을 자신만의 방법으로 표현하고 있다고 생각하면 세일즈맨을 이해하는데 도움이 된다. 앞의 대화에서 세일즈매니저의 화는 자신의 답답한 마음을 자기 나름대로 표현한 것이다.

세일즈매니저로부터 세일즈맨이 충분히 공감을 받았을 때는 대개 안도의 한숨을 쉬거나 몸에서 긴장이 풀리는 모습을 볼 수 있다. 세일즈매니저는 공감 여부를 확인하기 위해 세일즈맨에게 더 하고 싶은 말이 있느냐고 물어보면 된다. 더 이상 하고 싶은 얘기가 없으면 공감이 되었다고 생각해도 좋다.

세일즈매니저 자신도 공감이 필요하다. 많은 세일즈맨을 상대해야 하는 세일즈매니저는 자신도 모르는 사이 에너지가 소진된다. 세일즈매니저가 세일즈맨을 공감하기 힘들거나 공감하기 싫을 때는 세일즈매니저 자신이 신체적으로 피곤하거나 먼저 자기 공감이 필요하기 때문일 수도 있다.

▶ 공감의 효과를 높이는 방법을 익히자

공감은 반드시 말로 할 필요는 없다. 힘들어하는 세일즈맨을 안아주거나 기쁨을 표현하면서 하이파이브를 하는 행동 등도 세일즈맨에게 세일즈매니저의 마음을 전달하는 방법이다. 공감의 많은 부분은 침묵으로, 눈빛으로 "음~" 같은 간단한 추임으로도 할 수 있다. 중요한 것은 세일즈매니저의의 초점은 항상 세일즈맨의 감정에 맞춰져 있어야 한다는 사실이다. 세일즈맨과 제대로 공감대가 형성되면 문제는 자연스럽게 더 창조적인 방법으로 해결될 가능성이 커진다.

그런데 세일즈매니저가 세일즈맨을 공감할 때 지켜야 할 것이 있다. 4가지로 나누어 설명하면 첫 번째, 세일즈맨의 행동을 이해하는 것이다. 자기가 하고 싶은 말을 완벽하게 표현할 수 있는 사람은 없다. 세일즈맨의 말을 듣는 세일즈매니저는 '저 사람이 자기가 하고 싶은 말을 제대로 표현하지 못할 수도 있다.'라고 생각하면서 들어야 한다. 이때 세일즈매니저는 반사적 반응을 하지 않도록 주의해야 한다. 대화를 하는 과정에서 세일즈맨이 세일즈매니저에게 화를 내거나 비난의 말을 던질 수도 있다. 세일즈맨으로부터 비난의 말을 듣는 세일즈매니저는 스트레스 상태가 되면서 반사적 반응을 보이기 쉽다. 세일즈매니저의 반사적 반응은 세일즈맨을 공감하기는커녕 오히려 관계를 악화시키는 결과를 가져온다.

세일즈매니저가 세일즈맨을 공감하기 위해서는 의식적 반응이 필요하다. '저 사람이 나에게 저런 행동을 하는 것을 보니 답답한 게 있나보다'와 같은 생각을 하면서 세일즈맨을 이해하도록 노력해야 한다. 이런 노력이 쉽지는 않겠지만 할 수만 있다면 큰 보상을 얻을 수 있다.

두 번째, 세일즈맨의 행동에 대한 추측을 멈추어야 한다. 세일즈맨을 공감하기 위해서는 세일즈맨의 말이나 행동에 대해 세일즈매니저가 자기 마음대로 해석해서는 안 된다. 일방적인 추측은 또 다른 갈등의 불씨가 되기에 이런 문제를 방지하기 위해 세일즈매니저는 객관적으로 확인된 내용을 바탕으로 한 대화가 필요하다.

세일즈매니저가 지각한 세일즈맨에게 "많이 늦었네요."라고 말했다면 '많이 늦었다'는 객관적인 사실을 바탕으로 한 말이 아니라 세일즈매니저의 주관적인 생각이다. 세일즈매니저와 세일즈맨이 '많이'에 대해 서로 다른 기준을 가질 수 있다. 세일즈매니저와 세일즈맨이 가지고 있는 '서로 다른 기준'은 갈등의 원인이 된다. 이런 문제를 방지하기 위해서는 세일즈매니저는 세일즈맨의 행동에 대한 객관적인 사실을 바탕으로 대화할 필요가 있다. "5분 늦었네요."와 같은 표현은 세일즈매니저와 세일즈맨 모두가 동의할 수 있는 객관적인 표현이 된다.

세 번째, 세일즈맨의 마음을 상상한다. '역지사지'란 말처럼 공감을 위해 세일즈매니저는 세일즈맨의 입장에서 바라볼 필요가 있다. 이런 태도는 세일즈매니저의 입장에서는 사소한 것이지만 세일즈맨에게는 굉장히 중요할 수도 있다. 세일즈매니저가 세일즈맨의 입장에서 세일즈맨의 행동을 이해하게 되면 세일즈매니저와 세일즈맨 사이에는 판단의 차이가 없어져 갈등이 발생할 여지가 없어진다.

네 번째, 자신이 이해하고 있다는 것을 세일즈맨에게 표현해야 한다. 신뢰를 얻기 위해서는 '자기개방'이 필요하다. 많은 세일즈매니저는 '나와 함께 한 세월이 얼만데……. 내 마음을 확실하게 알거야.'라고 생각만 하고 표현은 하지 않는데, 이것은 세일즈매니저의 엄청난 착각이다. 세일즈매니저가 자신의 속마음을 말하지 않으면 세일즈맨은 절대 알지 못한다. 수십 년을 함께 한 배우자의 마음도 말하지 않으면 제대로 모르듯이 세일즈매니저와 세일즈맨도 서로의 마음을 명확하게 말하지 않으면 모르는 것은 당연하다. 세일즈매니저는 자신이 세일즈맨의 마음을 표현하고 있다는 것을 명확하게 알려줄 필요가 있다.

앞의 '세일즈매니저'와 '세일즈맨'의 사례를 공감하는 방법을 사용해 바꿔보자.

공감 대화 예시

A : 저~ 매니저님. 제가 담당하고 있는 계약에 대해 의논드리고 싶습니다.

B : 아, 그 계약은 많은 분들이 관심을 보이고 계셔서 나도 많은 부담을 느끼고 있어요. 그래 무슨 일인가요?

A : 저……, 고객이 계약을 다음 달로 늦추고 싶다고 문자를 보내왔습니다.

B : 그래요? 그 얘기는 언제 들은 건가요?

A : 오늘 아침 고객으로부터 문자를 받았습니다. 어제 저녁 늦게 남편이 계약 일자를 조금 늦추자고 했답니다.

B : 그랬군요. 너무 갑작스러운 일이라서 많이 놀랐겠어요.

A : 네, 솔직히 문자를 받고 너무 놀라 어떻게 해야 할지 모르겠습니다. 이 계약이 저에게나 매니저님에게 얼마나 중요한 계약인지 알고 있는데……. 제때 계약이 되지 않아 정말 당황스럽습니다.

세일즈매니저의 공감은 세일즈맨에게 심리적 안정을 주게 된다. 세일즈맨이 심리적으로 안정된 상태에서 문제 해결을 위해 노력할 때와 심리적으로 위축되거나 격앙된 상태에서 발휘할 수 있

는 능력에는 분명한 차이가 있다. 세일즈매니저는 세일즈맨이 안정된 상태에서 자신의 능력을 제대로 발휘할 수 있도록 만들어야 좋은 결과를 기대할 수 있다.

공감을 할 때 주의해야 할 점은 정답에 대한 부담감이다. 공감은 세일즈맨의 감정에 대한 추측이기에 완벽하게 맞춰야 할 필요는 없다. 세일즈매니저는 '내가 당신을 이해하고 있다.' 혹은 '내가 이해하려고 노력하고 있다.'는 사실을 세일즈맨에게 솔직하게 알리는 것이 더 중요하다. 이때 공감을 길게 할 필요는 없다. 세일즈매니저로부터 자신의 마음을 이해받지 못해 답답해하는 세일즈맨에게 "이렇게 말하니까 서운하세요?"라는 말로 충분하다.

자신의 느낀 점을 압축해 핵심만 두세 단어로 말하면 된다.

일반적으로 세일즈맨이 자신의 문제를 다른 사람에게 털어놓은 이유는 문제 해결 방법을 찾으려는 이유와 함께 자신의 마음을 이해받고 싶기 때문이다. 세일즈맨이 세일즈매니저로부터 야단을 맞은 다음 자신의 어려움을 동료나 친구에게 말하면, 사람들은 마치 자기 문제인양 세일즈맨에게 다양한 충고와 조언을 아끼지 않는다. 하지만 대부분의 경우 자기 나름대로의 해결방법을 말하게 되는데, 이런 말들은 세일즈맨의 귀에 들어오지도 않을뿐더러 오히려 역효과를 낳을 수도 있다. 이럴 때 세일즈맨에게 도움이 되는 말은 해결 방법보다는 세일즈맨의 마음을 읽어주는 말들이다.

충고·조언·교육하기	• 그렇게 화를 내면 건강에 해로우니 참아.
	• 옛날부터 그런 사람이란 거 잘 알잖아.
	• 자꾸 그렇게 불만을 말하면 회사생활이 어려워져. 그러니 힘들더라도 겉으로 드러내지 마.
분석·진단·설명하기	• 상황을 보니 그 인간의 리더십에 문제가 있네.
	• 회사의 의사결정 시스템이 원래 그래.
	• 아무래도 리스크가 있다 보니 신중하게 접근해서 그래.
바로잡기	• 그건 네가 오해한 거야. 지금 그 사람도 그 문제 때문에 고민 많이 하고 있어.
내 얘기를 들려주거나 상대방의 말에 맞장구치기	• 나도 작년에 그 인간 때문에 정말 힘들었어.
	• 너도 그래?
위로하기	• 옆에서 보는 내가 다 답답한데 자네는 오죽 하겠어?
	• 그냥 액땜했다고 생각해!
감정의 흐름을 끊거나 바꾸기	• 너무 속상해하지 말고 이 상황을 다르게 한 번 보는 건 어때?
	• 회사생활을 하다 보면 어디 억울한 일이 한두 가지야?
동정하기	• 야, 일이 그렇게도 꼬이네. 정말 안됐어.
조사하기	• 언제부터 이런 식으로 당한거야?
	• 도대체 그 인간은 무슨 생각을 하는 거야?
평가하거나 빈정대기	• 그 사람이 '밴댕이'란 별명을 괜히 얻었겠어?
	• 그 인간이 그렇게 몸을 사리는 걸 보니 껌처럼 회사에 오랫동안 붙어 있겠네.
한 방에 딱 자르기	• 그만해라.
	• 됐고, 술이나 마시자.

■ Step 2. Aware the Issues(문제 인식하기)

문제의 사전적 의미는 '연구나 논쟁의 원인이 되는 것'을 의미한다. 세일즈매니저나 세일즈맨 모두에게는 수시로 처리해야 할 과제가 발생하고 있다. 세일즈매니저와 세일즈맨이 해결해야 하는 과제를 문제라고 한다. 앞의 대화 사례에서 '세일즈매니저 B'와 '세일즈맨 A'의 사례에서 두 사람이 해결해야 할 문제는 '계약 성공'이다.

세일즈매니저 B와 세일즈맨 A 사이에서 만들어진 다툼은 '고객의 계약 일자 연기'란 문자로 인해 발생했다. 세일즈매니저 B는 실제로 발생하지도 않은 일에 대해 세일즈맨을 닦달하면서 계약 과정에 대해 불신을 드러내고 있다. 세일즈매니저 B가 아무리 세일즈맨을 질책하더라도 바뀌는 결과는 아무것도 없다. 오히려 세일즈를 성공시켜야 하는 세일즈맨의 사기만 떨어뜨릴 뿐이다.

세일즈매니저와 세일즈맨이 해야 할 일은 계약을 성공시킬 방법을 찾는 것이다. 이를 위해서는 두 사람이 확인된 사실을 바탕으로 문제를 정확하게 인식할 필요가 있다.

다음의 문제 인식을 위한 체크리스트를 상황에 적합하게 사용해보자.

<〈문제 인식 체크리스트〉>

☐ 계약이 지연되는 원인은 무엇인가?

☐ 실적 부진의 원인은 무엇인가?

☐ 가장 해결하고 싶은 과제는 무엇인가?

☐ 원하는 결과는 무엇인가?

☐ 현재는 어떤 상태인가?

☐ 원하는 결과와 현재 상태와는 어떤 차이가 있는가?

☐ 그 세일즈맨과 일하면서 생긴 문제는 무엇인가?

☐ 세일즈맨은 세일즈매니저인 나에게 무엇을 원하고 있는가?

☐ 이 문제가 나와 세일즈맨에게 어떤 영향을 미치고 있는가?

■ Step 3. Search for Solutions(해결방법 탐색하기)

'문제를 해결한다'는 뜻은 세일즈매니저와 세일즈맨 모두가 만족하는 방법으로 문제를 해결하는 것이다. 문제 해결 과정에서 어느 한쪽이 편하지 않거나 불만을 나타낸다면 그 문제는 제대로 해결되지 못할뿐더러 또 다른 문제를 만들게 된다.

대부분의 사람들은 문제 해결 방법을 찾는 과정에서 엉뚱한 생각이 떠오르면 '이건 정답이 아닐 거야.' 혹은 '이런 생각을 하면 주변사람들이 나를 흉볼 거야!'하고 판단하면서 자신의 아이디어를 스스로 포기한다. 이런 이유로 사람들은 자신의 경험 안에서 해결 방법을 찾게 된다. 이런 식으로 해결 방법을 찾게 되면 자신이 경험하지 못한 해결 방법은 활용할 수 없게 된다. 이처럼 문제 해결 방법을 찾는 과정에서 가장 큰 방해꾼은 자신의 경험과 판단이다.

▶ 문제 해결을 위한 건설적 제안

문제를 해결하는 과정에서 서로가 만족하는 결과를 얻기 위해 제안하는 아이디어를 '건설적 제안'이라고 한다. 건설적인 제안을 위해서는 제안에 대해 '좋은 제안', '바보 같은 제안'과 같은 평가보다는 먼저 자유롭게 발상해 많은 의견을 꺼내겠다는 생각이 중요하다.

사람들은 일상에서 끊임없이 평가하고 있다. '이 제안에 대해 다른 사람이 어떻게 생각할까?'라는 질문을 머릿속에서 먼저 하고 스스로 판단해 자신의 제안이 정답이라고 생각되어야 비로소 다른 사람들에게 자신의 의견을 말한다. 하지만 아무리 머릿속에서 오랫동안 고민했더라도 그 생각은 자신만의 생각일 뿐이다. 자신의 의견이 마음에 드는지 그렇지 않은지에 대한 결정은 자신이 아니라 상대방이 결정한다. 자신은 별거 아니라고 생각한 아이디어를 오히려 상대방은 좋아할 수도 있다. 그렇기 때문에 새로운 아이디어는 자신이 전혀 예상하지 못한 생각일 수도 있기 때문에 미리 판단하지 말고 모든 아이디어를 꺼내 상대방과 함께 검토할 필요가 있다.

'건설적인 제안'의 의미는 세일즈매니저와 세일즈맨이 문제를 함께 해결하겠다고 합의하는 것이다. 세일즈매니저와 세일즈맨 모두 '나'와 '당신'이 아니라 '우리'로서 함께 해결에 몰두해가는 것이다. 원하는 결과를 얻기 위해 서로가 할 수 있는 방법을 함께 만들어내는 것이 제1단계이고 다양한 건설적 제안이 나오는 시점에서 그것들을 수렴하여 가장 좋은 해결안을 완성하는 것이 제2단계이다.

▶ 대안 개발에서 피해야 할 사항

첫째, 해결안을 찾을 때 가장 주의해야 할 일은 성급한 판단이다. 누구나 문제를 빨리 해결하고 싶은 마음은 있다. 특히 마음고생이 심했다면 더욱 문제를 빨리 해결하고자 하는 바람이 있다. 하지만 급하게 먹는 밥이 더 쉽게 체하듯이 성급한 판단은 또 다른 문제를 낳을 수 있다.

둘째, 정답에 대한 집착을 버려야 한다. 아무리 좋은 아이디어라도 완벽할 수는 없다. 서로가 해결책을 찾기 위해 열심히 노력하는 이유는 완벽한 해결책이 아니라 완벽에 가까운 해결책을 만들기 위해서이다.

셋째, 세일즈맨의 문제는 세일즈맨 스스로 해결해야 한다는 생각이다. 헤엄을 잘 치던 사람도 물에 빠지게 되면 당황해 혼자 힘으로 나오기 어렵다. 이럴 때 누군가의 작은 도움이 물에 빠진 사람에게는 목숨을 구하는 결정적인 실마리로 작용한다. 해결 방법을 찾는 것도 마찬가지이다. 다만 다양한 해결 방법 중 대안에 대한 선택은 세일즈맨에게 맡겨야 한다. 해결 방법을 가지고 실제로 행동해야 하는 주체는 세일즈맨이다. 세일즈맨이 자신에게 편안한 해결 방법을 선택해야 좋은 결과를 기대할 수 있다.

▶ 대안을 개발할 때 추구해야 할 사항

첫째, 처음 나온 의견에 만족하지 말고 다양한 가능성과 해결 모델을 찾도록 노력할 필요가 있다. 첫 술에 배부를 수는 없다.

처음에 만족스런 결과가 나오지 않더라도 희망을 가지고 지속적으로 대화를 하다 보면 모두가 만족하는 해결 방법을 찾을 수 있다.

둘째, 자신과 세일즈맨이 모두 만족하는 해결 방법을 찾아야 한다. 문제를 해결하기 위해 사람들이 많이 사용하는 전략이 타협이다. 하지만 타협은 겉으로는 현명한 해결책처럼 보이지만 실제로는 두 사람 모두를 충족시키지 못하는 방법이다. 대안을 찾을 수 있다는 용기를 가지고 찾다보면 분명히 모두가 만족하는 해결책을 얻을 수 있다.

셋째, 서로의 창의력이 다 발휘되기 전에 특정 대안에 대해 결정하거나 거부하지 말아야 한다. 아이디어를 만들 때에는 즉석에서 판단하지 말고 일정한 시간이 흐른 뒤에 판단할 필요가 있다.

생각의 틀이 사고의 범위를 좁힐 수 있고, 감정 또한 이성적이고 합리적으로 판단하는 것을 방해하기 때문이다. 다음의 해결 방법 탐색을 위한 체크 리스트를 상황에 적합하게 변경해 사용해 보자.

〈해결 방법 탐색 체크리스트〉

☐ 실적을 향상시키기 위해 지금 할 수 있는 것은 무엇인가?

☐ 어떤 결과를 기대하는가?

☐ 다른 방법을 찾는다면 어떤 것이 있을까?

☐ 가장 효과적이라고 생각하는 방법은 무엇인가?

☐ 가장 편안하게 느껴지는 선택은 어떤 것인가?

☐ 이 방법을 선택했을 때 상대방에게는 어떤 영향이 있을까?

☐ 이 방법을 실행하기 위해 만날 수 있는 장애물은 어떤 것이 있을까?

☐ 고객에게 가장 필요한 것은 무엇일까?

☐ 고객은 어떤 제품을 원할까?

☐ 고객이 제품을 구매해 얻을 수 있는 이익은 무엇일까?

☐ 계약을 성공시키기 위해 누구로부터 도움을 얻을 수 있을까?

☐ 나에게 도움을 줄 수 있는 사람은 누구일까?

해결 방법 탐색하기에서 설명한 내용으로 앞의 '세일즈매니저'와 '세일즈맨'의 대화를 재구성하면 다음과 같다.

B : 그래, 계약을 위해 어떻게 하면 되겠어요?

A : 제가 조금 후에 고객을 만나 이유를 직접 들어보겠습니다.

B : 네. 일단 그렇게 하는 걸로 하고……. 내가 어떻게 도와주면 되겠어요?

A : 오전에 시간되시면 함께 고객에게 가는 건 어떻겠습니까?

B : 그래요. 같이 가보죠. 그리고 이것 말고 또 다른 건…….

A : 아무래도 남 부사장님이 남편과 친분이 두터우시니 남 부사장님께 남편을 만나 계약을 연기한 이유를 확인해 달라고 부탁드리면 어떻겠습니까?

B : 그럼, 그렇게 하죠. 이렇게 하면 되겠어요?

A : 네.

이런 방법으로 대화하면 해결 방법에 집중할 수 있다. 또한 세일즈매니저 B와 세일즈맨과의 관계도 해치지 않게 되면서 자신들이 원하는 결과도 빨리 얻을 수 있다. 세일즈매니저는 '큰 소리와 성과는 반비례한다'는 사실을 항상 기억할 필요가 있다.

■ Step4. Execute(실행하기)

해결 방법을 찾았으면 실행 과정이 남아있다. 세일즈매니저나 세일즈맨의 성과는 함께 찾은 아이디어를 실행하는 정도에 비례한다. 아무리 훌륭한 아이디어라도 실행하지 않으면 평범한 아이디어를 실행하는 것보다 못하다.

다양한 아이디어를 검토한 다음 가능성이 높은 아이디어를 선택하면 실천으로 옮겨질 가능성이 높다. 또한 많은 사람들이 함께 실행하면 실천할 가능성이 더 높아진다. 관련된 모든 사람들이 실행 계획을 수시로 확인할 수 있도록 문서로 남겨두면 더 높은 효과를 거둘 수 있다. 다음의 실행하기를 위한 체크리스트를 상황에 적합하게 변경해 사용해보자.

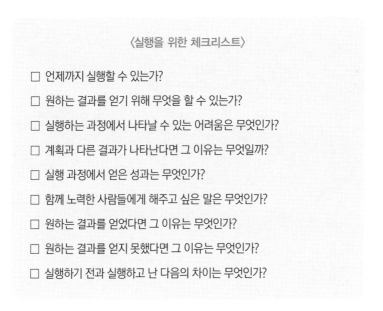

〈실행을 위한 체크리스트〉

☐ 언제까지 실행할 수 있는가?

☐ 원하는 결과를 얻기 위해 무엇을 할 수 있는가?

☐ 실행하는 과정에서 나타날 수 있는 어려움은 무엇인가?

☐ 계획과 다른 결과가 나타난다면 그 이유는 무엇일까?

☐ 실행 과정에서 얻은 성과는 무엇인가?

☐ 함께 노력한 사람들에게 해주고 싶은 말은 무엇인가?

☐ 원하는 결과를 얻었다면 그 이유는 무엇인가?

☐ 원하는 결과를 얻지 못했다면 그 이유는 무엇인가?

☐ 실행하기 전과 실행하고 난 다음의 차이는 무엇인가?

세일즈맨이 자신의 아이디어를 실천하기 위해서는 행동의 변화가 필요하다. 사람들은 본능적으로 불편함을 회피하려고 하는데, 이것이 변화를 주저하게 만드는 원인이 된다. 변화에 대해 불안함과 불편함을 느끼는 것은 자연스러운 현상이다.

세일즈맨에게 자신의 아이디어를 실행하고 난 다음 예상되는 변화에 대해 상상할 수 있게 하면 변화가 두려워 주저하는 사람들을 좀 더 쉽게 설득할 수 있다.

2

세일즈맨의 능력과 성과를 향상시키는 질문

친구들이랑 차를 마시다가 누군가가 "이 차의 원산지는 어디지?"라고 말하면 그 자리에 있는 사람들은 자신들의 지식을 동원해 대답하려고 노력한다.

사람의 뇌는 의문점이 생기면 의문점 해소를 위해 답을 찾으려고 노력한다. 어떤 사람들은 '인생이란 무엇인가?'와 같은 무거운 주제에 대한 답을 찾으면서 일생을 보내기도 한다. 세일즈매니저는 이런 뇌의 속성을 이용해 세일즈맨이 스스로 성과를 높이는 방법을 찾도록 도울 수 있다.

1) 질문의 목적을 이해한다

세일즈매니저는 세일즈맨과의 대화에서 어떻게 질문하느냐에 따라 세일즈맨이 생각하는 방향을 결정할 수 있다. 예를 들어 세일즈매니저가 세일즈맨을 향해 "성과를 높일 수 있는 방법은 무엇입니까?"라고 질문을 하면 세일즈맨은 가능한 방법을 찾게 된다. 반면 "계약이 안 되는 이유가 무엇입니까?"라고 세일즈맨을 향해 질문을 던지면 세일즈맨은 계약의 걸림돌만 생각하게 된다.

세일즈매니저의 질문 방법에 따라 세일즈맨에게 미치는 영향은 큰 차이가 있다. 세일즈매니저는 일하는 과정에서 세일즈맨에게 많은 질문을 하게 된다. 세일즈매니저가 효과적인 질문 방법을 익힌다면 세일즈 성과 향상에 도움이 될 수 있다.

세일즈매니저는 세일즈맨에게 질문할 경우 아래와 같은 4가지 목적을 가져야 한다.

- 질문의 4가지 목적

① 세일즈맨의 선택지를 넓히기 위한 질문인가?

② 세일즈맨이 가지고 있는 자원(resource)을 발견하기 위한 질문인가?

③ 세일즈맨이 이미지로 그려볼 수 있도록 돕는 질문인가?

④ 세일즈맨에게 정보를 제공하기 위한 질문인가?

① 세일즈맨의 선택지를 넓히기 위한 질문인가?

세일즈매니저가 세일즈맨에게 세일즈 방법을 알려줄수록 세일즈맨은 수동적이 될 수 있다. 적절한 방법을 알려주고 세일즈맨이 그 방법을 따르는 것이 효율적이라고 생각하기 쉽다. 하지만 이런 방법이 계속되면 세일즈맨이 능동적으로 활동하기보다는 세일즈매니저의 지시대로 움직일 가능성이 높다. 세일즈맨을 도와주려는 선한 의도가 오히려 세일즈맨을 수동적으로 만드는 결과를 낳게 된다.

세일즈맨이 성과를 낼 수 있는 방법은 다양하다. 하지만 경험이 부족하거나 마음이 초조한 세일즈맨은 생각의 범위를 넓히기 어렵다. 이럴 경우라도 세일즈매니저는 세일즈맨에게 자신이 알고 있는 방법을 알려주기보다는 가능한 범위에서 스스로 해결방법을 찾도록 도와줄 필요가 있다. 이런 연습이 반복되면 어느 순간 세일즈맨만의 방법을 찾을 수 있게 된다.

다음과 같은 질문이 세일즈맨의 선택지를 넓히는 질문이다.

- 활동량을 늘릴 수 있는 방법에는 어떤 것들이 있을까요?
- 활동을 효과적으로 할 수 있는 방법은 무엇인가요?
- 이 방법 말고 또 다른 방법에는 어떤 것들이 있을까요?
- 새롭게 시도해보고 싶은 방법은 무엇인가요?
- 예전에 했던 방법 중에서 효과적이라고 생각했던 것은 무엇인가요?

② 세일즈맨이 가지고 있는 자원을 발견하기 위한 질문인가?

세일즈맨이 스스로 세운 목표를 달성하기 위해 사용하는 자원과 아이디어는 세일즈맨에게 있다. 목표를 달성하기 위해서 무엇을 해야 하고, 어떤 것을 이루어야 하는지는 세일즈맨 자신이 가장 잘 알고 있다. 하지만 세일즈맨이 자신이 가지고 있는 자원을 제대로 파악하지 못하면 세일즈에 활용하지 못하는 경우가 많다.

세일즈매니저는 세일즈맨이 목표를 달성하기 위해 자신의 경험과 지식을 활용할 수 있도록 도울 필요가 있다. 세일즈맨의 자원에는 성공 경험만이 아니라 실패한 경험도 있다.

세일즈맨의 성공에 필요한 자원을 세일즈맨의 내부로부터 발견하여 목표를 달성하기 위해서는 다음과 같은 질문이 효과적이다.

- 이번 계약을 성공시키기 위해 필요한 것은 무엇인가요?
- 새로운 시장을 개척하기 위해 누구의 도움을 받을 수 있을까요?
- 실적을 달성하는데 도움이 되었던 것은 무엇인가요?
- 자신의 강점은 무엇이라고 생각하세요?
- 어려움을 겪었을 때 어떻게 극복하셨습니까?
- 이번 실패에서 얻은 교훈은 무엇인가요?

③ 세일즈맨이 이미지로 그려볼 수 있도록 돕는 질문인가?

사람은 자신의 경험을 이미지로 기억하게 된다. 이런 뇌의 속성을 활용하면 세일즈맨에게 효과적으로 동기를 부여할 수 있다.

세일즈맨은 세일즈 결과로 자신이 얻을 수 있는 이익이 명확하지 않으면 활동 동기가 떨어진다. "계약을 성공시키면 100만 원을 받을 수 있습니다."와 "계약이 성사되면 큰 보상이 따릅니다."의 두 문장이 있다. 이 문장을 읽었을 때 머릿속에 명확한 이미지가 만들어지는 것은 어떤 문장인가? 첫 번째 문장처럼 세일즈맨에게 자신이 얻을 수 있는 이익을 명확하게 알려주면 세일즈맨의 동기는 높아진다.

세일즈매니저가 세일즈맨이 스스로 머릿속에서 그려보도록 도울 수 있는 질문은 다음과 같다.

- 계약을 마치고 나면 기분이 어떨까요?
- 계약을 성공시켰을 때 얻을 수 있는 이익은 무엇일까요?
- 이번에 출시된 신제품은 누구에게 도움이 될까요?
- 목표를 달성하면 어떤 모습을 하고 있을까요?
- 지금과 같이 열심히 활동하면 1년 후 모습은 어떻게 변해 있을까요?
- 이번 일로 인한 영향은 어디까지 미치는가요?
- 성공한 자신의 모습은 어떤가요?

④ 정보를 제공하기 위한 질문인가?

세일즈매니저가 세일즈맨에게 질문하는 것으로 세일즈맨에게 정보를 탐색할 수 있도록 도울 수 있다. 세일즈매니저가 "고객은 어떤 기준으로 제품을 선택할까요?"라고 세일즈맨에게 질문하면 세일즈맨은 고객의 입장에서 상품 선정기준을 다양하게 탐색하게 된다. 여기에 덧붙여 "이것 말고 또 다른 고려사항은 무엇인가요?"와 같은 질문을 하게 되면 세일즈맨은 이미 가지고 있는 정보 외에 또 다른 정보를 찾으려고 시도하게 된다.

- 고객에 대한 정보는 어디서 얻을 수 있을까요?
- 다른 세일즈맨은 이런 경우 어떻게 해결할까요?
- 이 제품에 적합한 고객은 누구일까요?
- 이 제품을 구입했을 때 가장 도움을 받을 수 있는 사람은 누구일까요?
- 다른 제품들은 어떤 장점이 있을까요?
- 우리 제품이 다른 제품들과 차이점은 무엇일까요?
- 다른 세일즈맨은 어떻게 성과를 올리고 있습니까?

이처럼 우리가 상대에게 던지는 질문은 다양한 역할을 한다. 세일즈맨이 질문의 목적을 잘 이해한다면 세일즈 활동에 많은 도움을 받게 될 것이다.

2) 힐문을 질문으로 바꿔라

세일즈매니저가 세일즈맨에게 아래와 같이 말했다. 두 문장에는 어떤 차이가 있을까?

"이렇게 해 성과가 나겠어요?"

"어떻게 하면 성과를 낼 수 있을까요?"

두 문장 모두 질문의 형식으로 되어 있다. 하지만 두 질문이 세일즈맨에게 미치는 영향은 완전히 다르다. 첫 번째 문장처럼 말하는 세일즈매니저는 '세일즈맨이 하고 있는 방법으로는 성과가 나지 않는다.'는 확신을 가지고 있다. 세일즈매니저가 '자신이 생각하는 좋은 방법'을 정해 놓고 자신과 다른 판단을 한 세일즈맨을 질책하려는 의도를 가지고 있다. 반면 두 번째 문장의 경우 세일즈매니저가 자신의 생각을 말하기보다는 세일즈맨 스스로가 자신에게 가장 적합한 방법을 찾도록 도와주려는 의도를 가지고 있다.

세일즈매니저의 부적절한 질문은 세일즈맨을 심리적으로 위축시킬 수 있다. "왜 성공하지 못했습니까?" 혹은 "왜 약속한대로 하지 않았습니까?"와 같은 말은 세일즈맨에게 설명을 구하는 질문처럼 들리지만 세일즈맨의 행동에 대한 책임을 추궁하는 의도를 가지고 있다. 이런 것은 질문이 아니라 '힐문'이 된다.

세일즈매니저가 세일즈맨에게 "왜?"라고 물으면 세일즈맨은 세일즈매니저가 자신을 추궁한다고 생각해 심리적으로 위축된다. 심리적으로 위축된 세일즈맨은 자신감을 잃게 되고 적극적으로 활동하지 못하게 된다. 이런 질문 또한 힐문이 될 가능성이 높다.

세일즈매니저의 '질문'은 세일즈맨에게 긍정적인 영향을 미치지만 '힐문'은 부정적인 결과를 낳는다. 세일즈맨에 도움이 되는 것은 질문이지 힐문이 아니다. 힐문이 아니라 질문이 되는 방법은 다음과 같다.

■ 힐문이 질문이 되는 방법

① "왜"라는 질문을 너무 많이 사용하지 않는다.

② 세일즈매니저의 의도가 들어간 질문은 하지 않는다.

③ 세일즈맨에게 문제를 지적하기보다는 제안이나 세일즈매니저의 바람을 말한다.

3

세일즈 성과를 높이는 효과적인 질문

 질문을 크게 두 가지로 나누면 열린 질문과 닫힌 질문이 있다. 열린 질문은 '열린'이란 글자 그대로 세일즈맨이 자유롭게 대답할 수 있는 질문이다. 일반적으로 '열린 질문'은 육하원칙(5W1H)과 같은 의문사를 사용해 세일즈맨에게 던지는 질문이다. 다음과 같은 질문들이 '열린 질문'이다.

 "세일즈를 하게 된 동기는 무엇입니까?"
 "세일즈맨의 역할은 무엇일까요?"

 '닫힌 질문'은 주로 'Yes'와 'No'로만 대답해야 하는 질문이다. 영화나 드라마에서 상대방을 취조하는 장면에서 흔히 볼 수 있는데 주로 사실과 의견을 명확하게 만들기 위해 사용하는 질문이다. 세일즈매니저는 세일즈맨과 대화할 경우 가급적 열린 질문을 사용할 필요가 있다. 다음과 같은 질문이 '닫힌 질문'이다.

"세일즈를 하게 된 동기는 돈을 벌기 위해서인가요?"
"세일즈맨의 역할은 제품판매라고 생각하세요?"

5W1H에서 why는 열린 질문의 형태를 가지고 있지만 실제로는 상대를 힐문하는 닫힌 질문으로 사용되는 경우도 있어 주의가 필요하다.

"왜 계약서를 제대로 보관하지 않으셨나요?"
"왜 제가 설명한 부분을 기억하지 못하시나요?"
"왜 약속을 지키지 않으세요?"

'왜'는 세일즈맨에게 설명을 구하는 질문임과 동시에 책임을 추궁하는 의미도 있다. 세일즈매니저의 '왜'라는 질문은 세일즈맨을 심리적으로 위축시켜 세일즈맨이 창조적이고 적극적으로 행동할 수 없게 만든다.

'왜'라는 질문은 깊이 통찰하거나 사물의 이치를 탐색하고 사건의 원인을 파악하기 위해 사용할 경우 큰 효과를 얻을 수 있다.

"왜 다른 제품에 비해 매출이 떨어질까?"
"왜 신제품의 효과가 즉시 나타나지 않을까?"
"왜 자주 계약에 실패할까?"

이처럼 사람을 대상으로 왜를 사용하면 '질책'이 되지만 문제 해결에 초점을 맞추고 문제의 원인을 파악하려고 할 때에는 상당히 유용한 질문이 된다.

'왜'라는 질문은 'What'을 사용해 "다른 제품에 비해 매출이 떨어지는 이유는 무엇일까?", "자주 계약에 실패하는 이유는 무엇일까?"와 같이 다른 형태의 열린 질문으로 바꿀 수 있다. "어떻게 하면 매출을 올릴 수 있을까?", "어떻게 하면 신제품의 효과를 높일 수 있을까?"와 같이 'How'를 사용해도 된다.

세일즈매니저의 어조나 몸짓이 세일즈맨을 책망하는 태도라면 아무리 좋은 형태의 질문이라도 세일즈맨은 부정적으로 받아들이게 된다. 효과적인 질문은 세일즈맨에게 많은 도움을 주지만 제대로 사용하지 못할 경우에는 세일즈맨의 가슴에 상처를 남길 수 있다. 세일즈매니저가 세일즈맨에게 호기심을 갖고, 세일즈맨을 위하는 마음이 우러나오는 질문을 던질 때 세일즈맨에게 긍정적인 영향을 미칠 수 있다.

질문의 형태를 좀 더 세분화해보면 세 가지로 나눌 수 있다.

① 확장 질문과 폐쇄 질문

확장 질문은 세일즈맨의 사고의 폭을 넓히는 목적으로 사용된다. 세일즈맨으로부터 다양하고 자유로운 대답을 듣고 싶을 때 사용할 수 있다. 반면 폐쇄 질문은 구체적이고 제한된 정보를 얻기 위해 사용하면 원하는 결과를 얻을 수 있다. 확장 질문은 열린 질문이고, 폐쇄 질문은 닫힌 질문에 해당한다.

확장 질문	폐쇄 질문
• 팀을 위해 할 수 있는 방법은 어떤 것이 있을까요? • 어떤 방법으로 어려움을 극복하셨나요? • 자신이 자랑스러울 때는 언제인가요?	• 이 방법이 팀을 위해 도움이 되나요? • 이번 달 목표를 달성할 수 있습니까? • 고객에게 제안서는 전달했나요?

② 미래 질문과 과거 질문

미래 질문은 세일즈맨이 미래지향적으로 행동하기 원할 때 사용하면 효과적이다. 과거 질문은 과거에 일어난 사건의 원인이 궁금할 때 사용할 수 있다. 과거 질문의 경우 과거에 있었던 일이 세일즈맨에게 긍정적인 영향을 주었을 때는 효과적이지만 그 영향이 부정적이었다면 조심스럽게 질문해야 한다.

미래 질문	과거 질문
• 계약을 마무리하면 어떤 결과를 얻을 수 있을까요? • 계획한 목표를 달성하고 나면 어떤 변화가 있을까요? • 내년에는 어떤 계획을 세우고 싶으세요?	• 지금까지 어떻게 활동하셨어요? • 과거 그 계약이 불발된 원인은 무엇인가요? • 다른 세일즈맨과 충돌한 원인은 무엇인가요?

과거 질문은 미래 질문보다 심리 에너지를 떨어뜨리게 될 가능성이 크다. 위의 사례에서 과거 질문은 열린 질문의 형태를 갖추고 있지만 과거 질문을 반복해 읽게 되면 마음이 불편해지는 것을 느낄 수 있다. 반면 미래 질문을 반복하면 몸에 활기가 느껴지면서 자신의 미래 모습을 떠올리면서 자신감이 생기게 된다.

이렇게 세일즈매니저의 질문 하나에도 세일즈맨은 많은 영향을 받게 된다.

③ 긍정 질문과 부정 질문

긍정 질문은 자신이 세일즈맨에게 영향을 주고 싶은 방향을 제시할 때 사용한다. 부정 질문은 세일즈맨에게 부정적인 영향을 줄 가능성이 높아 가급적 사용하지 않는 것이 바람직하다.

긍정 질문	부정 질문
• 계약을 성공시킬 수 있는 방법은 무엇일까요? • 목표를 달성하기 위해 필요한 것은 무엇일까요? • 고객으로부터 긍정적인 답변을 얻기 위한 준비는 무엇일까요?	• 문제가 발생할 가능성에 대해서는 고민하지 않으셨어요? • 확실하지 않은 것은 무엇인가요? • 계획을 달성하지 못하는 이유는 무엇인가요?

열린 질문이라도 질문 방법에 따라 심리 에너지에 많은 영향을 미치게 된다. 확장 질문, 미래 질문과 긍정 질문은 심리 에너지를 높이는 효과가 있지만 폐쇄 질문, 과거 질문 그리고 부정 질문은 세일즈맨을 위축시킬 가능성이 높다.

4

효과적인 질문을 만드는 방법

많은 세일즈매니저는 닫힌 질문을 사용하는 경우가 많다. 세일 즈매니저가 닫힌 질문을 할 때에는 세일즈맨의 행동을 제대로 이 해하지 못하고 추측하는 경우가 대부분이다. 세일즈맨에 대해 추 측이 강할수록 세일즈매니저는 자신의 생각을 확신하면서 닫힌 질문을 사용하게 된다. 세일즈매니저가 닫힌 질문을 사용하는 또 다른 이유는 열린 질문을 만드는 방법을 모르기 때문이다.

열린 질문을 사용하게 되면 세일즈맨을 각성시키는 효과를 얻 을 수 있다. "지금 여기서 어떤 것을 할 수 있는지 찾아볼까요?" 라는 질문 하나만으로도 미처 생각하지 못했던 것들을 발견하는 계기를 마련할 수 있다. 또한 세일즈매니저로부터 열린 질문을 받 는 세일즈맨은 다양한 생각과 가능성을 찾으면서 즐거워진다.

열린 질문보다 닫힌 질문이 효과적일 때도 있다. 닫힌 질문은 자신이 갖고 있는 범위와 관점 가운데에서 정보수집, 확인, 행동 등을 구체화할 때는 도움이 된다. 또한 닫힌 질문은 열린 질문을 통해 찾은 다양한 아이디어들 중에서 결정할 때 사용하면 효과가 높다.

세일즈매니저가 세일즈맨과 대화할 때 머릿속으로 자신이 주고받는 대화가 어떠한지를 관찰하면 열린 질문과 닫힌 질문의 사용 빈도를 알 수 있다. 만약 세일즈매니저의 머릿속에서 닫힌 질문이 반복되고 있다면 열린 질문으로 바꿀 필요가 있다. 열린 질문을 통해 스스로의 가능성을 넓힐 수 있기 때문이다.

효과적인 질문을 만들기 위해서는 요령이 필요하다. 다음은 효과적인 질문을 만들기 위한 방법들이다.

■ 효과적인 질문을 만들기 위한 9가지 포인트

① 미리 생각하기

이야기할 대상, 장소, 시간, 그리고 대화의 주제를 알 수 있는 경우, 대화의 주제에 적합한 질문들을 미리 준비한 다음 적절하게 활용하면 대화의 효과를 높일 수 있다.

② 열린 질문 사용하기

문제를 적절하게 파악하고 상대가 갖고 있는 폭넓은 정보에 접근하기 위해서 열린 질문을 사용한다.

③ 답을 유도하는 질문 피하기

열린 질문이든 닫힌 질문이든지 자신의 머릿속에 처음부터 준비된 정답으로 이끌기 위한 질문은 피해야 한다. 이런 질문은 세일즈맨으로부터 새로운 정보를 이끌어내고 문제를 해결하는 것을 방해하고 세일즈맨에게 불신감을 안겨준다.

④ 논리적인 선택을 강요하는 질문 피하기

세일즈 실적이 저조한 세일즈맨에게 "실적을 올리겠습니까, 아니면 세일즈를 그만 두겠습니까?"와 같이 묻는 것은 단순한 강요이지 세일즈맨에게 자신의 생각을 선택할 수 있도록 돕는 질문이 아니다. 모두를 만족하는 해결 방법은 언제나 경험한 범위 밖에서 발견될 가능성이 높다. 그렇기 때문에 세일즈맨의 시야를 좁히는 이런 질문은 상황을 타파하는데 전혀 도움이 되지 않는다.

⑤ 정확하게 표현하기

세일즈매니저는 세일즈맨에게 질문을 하는 자신의 생각을 정확하게 전달할 필요가 있다. 명확하지 않은 질문은 세일즈맨에게 혼동을 줘 질문의 효과를 떨어뜨리게 된다. 세일즈맨이 세일즈매니저로부터 "계약은 잘 되고 있습니까?"라는 질문을 받았다면 그 세일즈맨은 '이런 질문을 나에게 하는 목적이 무엇일까?'라는 의문을 가지면서 대답을 망설이게 된다. 이런 질문보다는 "A고객과 관련된 계약과 관련해 앞으로의 계획은 무엇입니까?"와 같이 명확하게 질문하면 세일즈맨 또한 세일즈매니저가 알고 싶은 것을 명확하게 이해하고 정확한 대답을 할 수 있게 된다.

⑥ 세일즈맨의 생각을 자극하는 질문 해보기

사람들이 '당연한 것'이라고 생각하는 사실을 일부러 다른 관점에서 제안하는 등 질문을 통해 세일즈맨을 자극하는 것도 효과적이다. 열심히 활동을 권유하는데도 이런 저런 핑계를 대면서 실행을 미루는 세일즈맨에게 "지금 행복해 보이는데 계속 지금처럼 생활하는 것이 어떠세요?"라고 세일즈맨이 미처 예상하지 못한 질문을 하면 세일즈맨이 자신의 행동을 돌아보게 만들 수 있다.

⑦ 단순하고 핵심을 찌르는 질문하기

관심을 지나치게 두거나 스스로 자신감이 없을 경우 불필요한 말을 덧붙이면 상대방은 질문의 핵심을 파악하지 못할 수 있다.

또 질문이 애매한 경우 듣는 사람은 어떻게 대답을 해야 좋을지 몰라 망설일 수 있다. 이런 경우 질문을 들은 상대방은 '도대체 저 사람이 하고 싶은 말이 무엇일까?'라는 의문을 해소하기 위해 자신의 내면을 탐색하는 대신 질문하는 사람의 의도를 파악하기 위해 불필요한 시간을 낭비할 가능성이 있다. 또한 신뢰관계도 끊어질 위험이 있기 때문에 가급적 질문은 간단하고 명확하게 해야 한다.

⑧ 이미지 활용하기

한 장의 그림은 천 마디 말보다 효과적일 수 있다. 자동차를 구입하려는 사람에게 "이 자동차를 몰고 고속도로를 달릴 때 고객님의 모습은 어떠신가요?"라고 물으면 고객은 자신의 모습을 상상해 이미지로 그려보며 마치 현실인양 기분 좋은 느낌을 갖게 될 것이다. 시각화하는 것은 창의적인 발상을 자극하는 것뿐만 아니라 기억에도 도움이 된다.

⑨ 한 번에 하나씩 질문하기

이것은 효과적인 질문의 핵심이다. 한 번에 하나씩 질문을 하면 듣는 사람도 명확하게 답할 수 있다. 한꺼번에 여러 가지 답을 해야 하는 복합적인 질문을 하면 질문을 들은 사람은 어떤 질문에 대한 대답을 먼저 해야 할지 망설이게 되고, 자신이 하고 싶은 대답만 할 수도 있다. 이런 경우 질문을 한 사람은 자신이 원하는 답변 중 일부만 듣게 된다.

5

성공의 습관을 만드는 질문

질문이 생각과 대화의 방향을 결정한다. 이것은 세일즈맨뿐만 아니라 세일즈매니저 자신에 대해서도 어떤 질문을 하느냐에 따라 자신의 행동에 영향을 준다고 말할 수 있다.

사람은 아침에 일어나 잠들 때까지 무의식적으로 수백 번도 넘는 자문자답을 한다. 극단적이지만 아침에 가장 먼저 머릿속에 '오늘도 내가 싫어하는 일이 일어날까?'라는 질문이 떠올랐다고 하자. 이 질문에 대한 대답을 어떻게 할 것인가? 사람은 질문에 대한 답을 찾으려고 노력하기 때문에 이 질문에 대한 대답은 당연히 힘들고 괴로운 이미지를 만들어 내게 된다. 결과적으로 이 이미지는 심리 에너지를 감소시키게 된다. 심리 에너지의 양이 적어지면 세일즈맨은 '오늘 컨디션이 좋지 않다'고 생각하게 되면서 세일즈 활동에 소극적이 된다. 이런 프로세스는 사람들이 인식하지 못하는 사이에 만들어진다.

아침에 하는 자문자답의 질이 하루의 성과를 결정할 수 있다. 심리 에너지를 높이기 위해서는 의도적으로 '오늘은 어떤 성공을 경험할 수 있을까?'와 같은 긍정적인 질문을 던져야 한다.

아침에 가장 먼저 해야 할 일은 '자신이 어떤 질문을 하고 있는가?'에 대해 의식하는 것이다. "나는 자신에게 어떤 질문을 하고 있을까?" 이런 질문은 일반적으로 의식하지 않기 때문에 대부분의 사람들은 의식하지 못한다. 하지만 의도적으로 스스로 하고 있는 질문에 초점을 맞추면 자신의 질문을 수정할 수 있게 된다.

TIP : 자문자답이 하루를 좌우한다

아침에 일어날 때 "오늘은 세일즈맨에게 어떤 도움을 줄 수 있을까?" 혹은 "오늘은 어떤 보람 있는 일을 경험할 수 있을까?"라는 질문을 스스로에게 던져보자. 머릿속에 다양한 이미지가 떠오르면서 아침부터 기분 좋은 느낌을 받을 것이다. 이러한 질문의 답이 금방 떠오르지 않더라도 뇌는 해답을 계속해서 찾기 때문에 '세일즈맨을 위한 도움'과 '보람 있는 일'을 쉽게 경험하도록 해준다.

사람은 자신이 생각한대로 행동한다. 긍정적인 생각은 긍정적인 행동을 만들고, 부정적인 생각은 부정적인 결과를 만든다. 자신이 원하는 긍정적인 결과를 원한다면 즐겁고 풍요로운 생각에 초점을 맞출 필요가 있다.

[아침에 하는 질문 리스트]
- 내 인생에서 지금, 행복한 것은 무엇인가?
- 지금 내 인생에서 자랑스러운 것은 무엇인가?
- 지금 감사하고 싶은 것은 무엇인가?
- 지금 가장 즐거운 것은 무엇인가?
- 나는 지금 누구를 사랑하고 있는가?
- 지금 가장 즐거운 것은 무엇인가?
- 지금 내가 가장 사랑하는 사람(세일즈맨)은 누구인가?
- 나를 사랑하는 사람(세일즈맨)은 누구인가?

[저녁에 하는 질문 리스트]
- 오늘 하루 어떤 누구(세일즈맨)에게 도움이 되었는가?
- 오늘 하루, 무엇을 배웠는가?
- 오늘 하루, 무엇을 통해 인생의 질을 높였는가?
- 미래에 대한 투자로, 오늘 하루를 어떻게 사용했는가?

※ 아침 질문을 다시 한 번 사용해도 좋다.

6

효과적인 피드백이 업무 성과를 높인다

다른 사람으로부터 "좀 더 확실하게 해!"라는 충고를 받을 때 일단 "네"라고 대답을 하지만 마음속에서는 '확실히 하려고 하지만 뭔가 제대로 되지 않아서……'라고 고민한 적은 없는가? "그럼 어떻게 하면 됩니까?"라고 질문하면 "그런 것은 스스로 생각해 봐."라고 다시 야단치는 경우는 없었는가?

세일즈매니저가 세일즈맨을 칭찬하거나 질책하는 이유는 세일즈맨의 성장을 위해서이다. 하지만 세일즈매니저의 잘못된 질책은 세일즈맨의 성장은커녕 세일즈맨의 자신감을 떨어뜨리고 심하면 세일즈를 그만두게 만드는 경우도 있다.

세일즈매니저의 명확하지 못한 업무 지시 또한 조직의 성과를 떨어뜨리는 또 다른 이유가 된다. 많은 세일즈매니저들은 "열심히 해라.", "잘하고 있네." 혹은 "제대로 활동을 못하고 있네."와 같은 애매한 말들을 사용하고 있다. 이런 대화는 세일즈맨에게 세일즈매니저가 바라는 행동을 명확하게 전달하지 못하게 된다.

세일즈매니저가 자신의 바람을 세일즈맨에게 명확하게 전달하지 못하게 되면 세일즈맨의 변화를 기대할 수 없게 된다.

1) 비난과 피드백은 다르다

피드백은 세일즈맨에게 보내는 애매한 질책과 격려가 아니라 세일즈맨에게 '바라는 행동'과 '발전을 위해 개선이 필요한 행동' 등을 전달해 세일즈맨의 성장을 지원하는 방법이다. 피드백은 세일즈맨의 존재를 존중하면서 구체적인 행동 차원에서의 문제점을 명확하게 이해하도록 한 후 행동의 변화를 촉진시킨다.

〈피드백과 비난〉

구분	피드백	비난
대상	문제 지금 무엇이 일어나고 있는가?	사람 누가 했는가?
목적	성과 향상 바라는 결과를 얻기 위해 함께 문제를 해결하자.	벌을 주는 것 실패의 책임은 세일즈맨에게 있다.
초점	미래 지향 이후 어떤 일을 해야 할까?	과거 지향 이전에도 같은 일이 있었잖아!
방법	구체적인 행동의 묘사 어제 작성한 제안서에 잘못 인용된 자료가 두 군데 있었다.	일반화 자네가 하는 일이 항상 그렇잖아!

구분	피드백	비난
방법	자신의 관점 (나는) 자네가 나에게 제안서를 제출하기 전에 다시 한 번 검토해 주기를 바란다.	불특정 다수의 관점 모든 사람은 …라고 말하고 있다. 우리들은 …라고 생각한다.
태도	미래지향적이고 호의적인 태도	적개심과 공격적인 태도
결과	열린 커뮤니케이션과 성장 세일즈맨과 실패를 공유하고 더 성장할 수 있는 기회가 된다.	은폐, 자기방어, 억압 비난을 두려워 해 세일즈맨이 자신의 실패를 숨긴다. 새로운 기회를 두려워한다.

효과적인 피드백은 세일즈맨의 성장을 촉진해 조직의 성과 향상에 연결된다. 하지만 많은 세일즈매니저들이 피드백과 비난을 구분하지 않고 사용하고 있어 '피드백'이 곧 '비난'과 같은 의미로 사용되는 경우도 있다. 잘못된 피드백은 세일즈맨의 성장보다는 서로의 관계를 불편하게 만들고 대화를 단절시키는 결과를 만든다.

피드백의 효과를 높이기 위해서는 피드백을 하는 사람도, 피드백을 받는 사람도 노력이 필요하다. 어렵게 피드백을 하더라도 받아들이는 사람이 제대로 수용하지 못하면 소용없다. 세일즈매니저와 세일즈맨 모두 피드백을 통해 자신의 성장 기회로 삼을 수 있다.

피드백은 기본적으로 '객관적이고 구체적으로 전달하는 기술'

을 사용해야 한다. 필요에 따라 세일즈맨이 메시지를 이해하고 있는지 여부를 확인하기 위한 질문도 효과적이다. 세일즈맨으로부터 피드백을 받은 세일즈매니저는 세일즈맨을 비난하지 말고 세일즈맨과의 공통점, 차이점을 확인할 필요가 있다. 만약 세일즈맨이 자신에게 질문을 할 경우에도 비판으로 받아들이지 말고 세일즈맨을 이해시킬 수 있는 기회라고 생각하면서 대화를 진행하면 된다.

2) 변화를 위한 피드백과 지지를 위한 피드백

피드백에는 두 가지 형태가 있다. 하나는 세일즈맨의 행동을 수정할 목적으로 하는 '변화를 위한 피드백'이다. 세일즈매니저가 세일즈맨에게 변화를 바라는 이유는 세일즈맨의 발전을 위해서이다. 세일즈매니저는 피드백이 세일즈맨의 성장을 지원하기 위한 목적이라는 의식을 가져야 한다.

또 다른 하나는 세일즈맨의 행동을 인정하는 '지지를 위한 피드백'이다. 지지를 위한 피드백은 세일즈맨에게 '지속적으로 할 필요가 있는 행동'을 그저 "잘했다"라고 막연하게 말하는 것이 아니라 명확하게 알려줘 세일즈맨이 자신의 행동에 대해 확실하게 인식할 수 있도록 하는 방법이다.

세일즈매니저가 업무를 수월하게 하기 위해서는 세일즈맨의 강점과 강점으로 만들 수 있는 방법을 알려줄 필요가 있다.

세일즈매니저의 이런 말은 세일즈맨이 자신의 강점과 약점을 인식할 수 있고 자신감과 동기를 갖게 만드는 계기가 될 수 있다.

그러나 함부로 하는 피드백에는 반드시 부작용이 따른다.

세일즈매니저가 세일즈맨에게 피드백을 할 경우 제대로 된 피드백을 통해 효과를 높일 필요가 있다. 제대로 된 피드백을 하기 위해서 다음의 8가지를 지킬 필요가 있다.

① 피드백은 세일즈매니저가 상상한 동기와 추측한 태도, 그리고 세일즈맨의 행동에 대한 세일즈매니저의 해석이 아니라 실제로 관찰한 행동에 기초해야 한다.

② 구체적인 행동을 묘사해야 한다. 변화가 가능한 행동에 초점을 맞추고 가장 중요한 포인트를 선택한다.

③ 세일즈매니저가 세일즈맨의 행동 변화와 관련된 대화를 할 때 자신의 의견을 길게 설명하지 말고 세일즈맨에게 질문한다. 그리고 앞으로 변화가 필요한 행동에 대해 말하고 변화에 대한 방법을 서로 합의한다.

④ 지지를 위한 피드백과 변화를 위한 피드백을 구분해 사용한다. 세일즈맨이 받을 영향을 줄이기 위해 지지를 위한 피드백과 변화를 위한 피드백 두 가지를 한꺼번에 사용하면 정말로 전달해야 하는 내용이 제대로 전달되지 못한다.

⑤ 세일즈맨의 한계를 관찰하고 개인차를 고려한다. 한꺼번에

많은 피드백을 해도 괜찮은 사람이 있지만 소소한 피드백에도 견디지 못하는 사람도 있다. 따라서 세일즈매니저는 세일즈맨의 상태를 고려해 피드백을 해야 한다.

⑥ 세일즈맨이 중요하게 생각하는 것을 이해한다.

⑦ 적절한 시기에 피드백을 한다. 사건이 일어난 직후에 하는 피드백이 가장 바람직하다. 세일즈맨이 그 사건을 잊어버렸을 무렵에 하는 피드백은 효과가 적고, 오히려 세일즈맨은 자신에 대한 비난으로 받아들일 가능성이 높다.

⑧ 많은 사람 앞에서는 피드백을 하지 않는다.

피드백은 세일즈맨의 행동을 수정할 목적으로 사용하되 세일즈맨에게 큰 자극을 주면서까지 사용할 필요는 없다. 세일즈맨의 자존심에 상처를 주는 말은 세일즈맨의 동기 저하 등과 같은 또 다른 부작용을 가져온다.

3) 지지를 위한 피드백의 방법과 활용

지지를 위한 피드백은 단순히 "제안서를 잘 썼어."와 같은 애매한 칭찬이 아니라 "제안서의 첫 페이지에 핵심 내용을 적었고, 다른 회사와의 실적 비교가 그래프로 표시되어 있어서 고객들이 이해하기 쉬웠다."와 같이 구체적이고 상세하게 설명하는 방법이다.

■ 지지를 위한 피드백의 효과

① 세일즈맨에게 적절한 행동이 무엇인지에 대한 기준을 전달할 수 있다.

② 세일즈맨에게 자신의 행동에 관심을 두는 사람이 있다는 것을 인식하게 만들 수 있다.

③ 세일즈맨에게 자신의 강점을 분석하고 자신의 행동에 자신감을 갖도록 한다.

④ 세일즈맨에게 동기를 부여하고 세일즈맨의 자신감을 높일 수 있다.

⑤ 세일즈맨과 신뢰할 수 있는 관계를 만들 수 있다.

■ 지지를 위한 피드백 구성

구분	요소	표현 예	포인트
인정	세일즈맨의 존재에 감사	저와 함께 해 주셔서 감사합니다.	세일즈맨을 파트너로 존중하고 있다는 것과 항상 세일즈맨을 주목하고 있다는 사실을 전달한다.
현실	언제, 어디서, 누가, 무엇을, 어떻게 했는가?	이번 프로젝트를 함께 하면서 파워포인트 작성방법에 대해 많이 배웠습니다.	객관적 사실, 구체적 포인트를 전달한다. 이것은 평가의 기준을 전달하는 것이다.

구분	요소	표현 예	포인트
결과	• 그것은 어떻게 되었고~ • 내 관점으로 보면 이다.	고객의 요구에 적절하게 대응해 주셔서 계약을 마무리할 수 있었습니다.	자신의 관점에서 주관적으로 말한다.
요청		앞으로도 많은 협조 부탁드립니다.	이후에도 행동을 지속될 수 있도록 요청한다.

지지를 위한 피드백에서 중요한 포인트는 '요청'이다. 세일즈맨의 행동에 대해 세일즈매니저 자신이 어떻게 생각하는지 전달하면 세일즈맨은 '내 행동이 세일즈매니저에게 좋은 영향을 미쳤구나.'라고 생각으로 끝나고 다른 행동의 변화는 일어나지 않는다.

세일즈매니저가 피드백을 하면서 바라는 것은 행동의 지속성이다. 세일즈매니저는 자신에게 긍정적인 영향을 미친 행동을 계속 해주기를 바라는 마음에서 피드백을 하고 있다. 세일즈맨에게 자신이 바라는 행동을 명확하게 요청할 때 세일즈맨이 행동으로 옮길 가능성이 커진다.

■ 지지를 위한 피드백 방법

구분	대화의 요소
도입	• ice-breaking • 날씨 등의 간단한 대화를 통해 분위기를 부드럽게 만든다.

구분	대화의 요소
인정	• 세일즈맨을 파트너로 존중하고 있다는 것을 알려 준다. • 항상 세일즈맨에게 관심을 보이고 있다는 것을 전달한다.
사실 묘사	• 객관적 사실과 구체적인 포인트를 전한다. • 이것은 평가의 기준을 전달하는 것이 된다.
자기 표현	• 세일즈매니저의 관점으로부터 주관적인 생각을 말한다. • 세일즈맨의 행동과 그 영향에 대해 세일즈매니저의 생각과 기분을 말한다.
요청	• 이후에도 지속적인 행동을 요청한다.

세일즈매니저와 세일즈맨이 대화를 하고 있다. 세일즈매니저가 고객에게 보낼 제안서의 작성을 세일즈맨에게 급하게 요청했고, 세일즈맨은 세일즈매니저가 원하는 방향으로 제안서를 완성했다. 이 내용을 바탕으로 지지를 위한 피드백을 하면 다음과 같다.

■ 지지를 위한 피드백 예시

구분	대화 사례
도입	시간되시면 차 한 잔 할 수 있을까요?
인정	급하게 제안서 작성을 부탁했는데 열심히 도와주셔서 감사합니다.
사실 묘사	제안서에 항목별 분류를 첫 페이지에 배치하고, 다른 회사와의 비교 자료를 그래프로 표시해 전달력이 뛰어났습니다.

구분	대화 사례
자기 표현	나도 굉장히 이해하기 쉬웠고, 고객도 만족하셨습니다.
요청	다음에도 고객의 이해를 돕는 제안서 작성을 부탁합니다.

4) 지지를 위한 피드백의 방법과 활용

변화를 위한 피드백은 세일즈맨의 행동에서 변화가 필요한 부분에 대해 구체적으로 설명하는 방법이다. '좋은 약은 입에 쓰다'는 속담처럼 세일즈매니저가 아무리 좋은 의도로 말을 하더라도 세일즈맨이 세일즈매니저의 긍정적인 의도를 이해하지 못한다면 아무 소용이 없다.

변화를 위한 피드백은 세일즈맨이 수용하기 쉽도록 대화에 인정, 현상, 결과와 개선 방법을 포함시킨다. 경험이 많은 세일즈맨에게는 개선방법을 직접 말하지 않고 질문을 통해 본인이 개선방법을 찾도록 하는 것도 효과적인 방법이다. 또 피드백을 하고 난 다음에는 반드시 세일즈맨의 반응을 확인하기 위해 열린 질문으로 상대방에게 의견을 말할 수 있는 기회를 주면 도움이 된다.

■ 변화를 위한 피드백의 이해

① 세일즈맨의 행동 중 개선이 필요한 행동을 명확하게 해 세

일즈맨의 '행동 변화'를 이끌어 내는 방법이다.

② 인정, 현상, 결과와 개선 방법의 네 가지 요소를 포함하여 세일즈매니저와 세일즈맨 모두에게 도움이 되는 행동을 목표로 하는 대화가 된다.

③ 갑자기 본론으로 들어가게 되면 분위기가 경직될 수 있어 대화를 시작하기 전 대화 분위기를 부드럽게 할 수 있는 대화로부터 시작하는 것이 바람직하다.

④ 도입 단계에서는 '세일즈맨과의 관계를 인정하는 것'부터 시작한다. 이것은 신뢰 관계를 형성하기 위한 목적이다.

■ 변화를 위한 피드백의 구성

구분	요소	표현 예	포인트
인정	세일즈맨의 존재에 감사	조금 전 회의에서 참신한 의견을 말해 팀원들에게 좋은 자극이 되었다.	세일즈맨을 파트너로 존중하고 있다는 것과 항상 세일즈맨을 주목하고 있다는 사실을 전달한다.
현상	언제, 어디서, 누가, 무엇을, 어떻게 했는가?	제안서 작성과 관련된 것인데 작년 데이터 사용이 네 곳이나 되었네.	객관적 사실, 구체적 포인트를 전달한다. 이것은 평가의 기준을 전달하는 것이다. 특히 "하지만"이란 단어를 사용해 문제점을 지적하지 않는다. 그런 경우 앞에서 말한 인정이 의미가 없게 된다.

구분	요소	표현 예	포인트
결과	• 그것은 어떻게 되었고~ • 내 관점으로 보면 …이다.	데이터의 오류는 제안서의 신뢰에 치명적이라고 생각한다.	자신의 관점에서 주관적으로 말한다. 경험이 풍부한 사람은 이 단계에서 상대방으로부터 개선방법을 듣도록 한다.
개선 방법		앞으로는 제안서에 정확한 데이터를 사용하기 바란다.	세일즈매니저가 바라는 구체적인 행동을 알려줘 세일즈맨이 이해할 수 있도록 상세하게 말한다.

■ 변화를 위한 피드백 방법

구분	대화의 요소
도입	• ice-breaking • 날씨 등의 간단한 대화를 통해 분위기를 부드럽게 만든다.
사실 묘사	• 상황과 세일즈맨의 행동에 대해 객관적 사실과 구체적인 포인트를 전달한다. • 세일즈맨의 태도를 일방적으로 단정하지 않는다. • 세일즈매니저의 의견이 틀릴 수 있다고 가정한다.
영향	• 세일즈맨의 행동이 세일즈매니저에게 주는 영향을 설명한다.
자기 표현	• 세일즈매니저 자신의 생각을 말한다. • 세일즈맨의 행동과 그 영향에 대해 자신의 생각과 기분을 말한다.
확인	• 세일즈맨의 행동에 대한 개선방법을 확인하는 것이다. • 열린 질문을 사용한다.

회의에 자주 지각하는 세일즈맨이 있다. 이 세일즈맨으로 인해 회의가 예정보다 늦어지는 경우가 많아 다른 사람들의 업무에 지장을 주고 있어 세일즈매니저가 이 문제를 해결하기 위해 세일즈맨과 대화를 하고 있다. 이 상황을 바탕으로 변화를 위한 피드백을 하면 다음과 같다.

■ 변화를 위한 피드백 예시

구분	대화의 요소
도입	A씨, 활동량을 늘리면서 점점 자리를 잡아가는 모습이 보여 반갑네요. 잠깐 차 한 잔 같이 할까요?
사실 묘사	매주 수요일에 있는 회의에 이번 달 들어 벌써 두 번 지각을 했습니다.
영향	A씨가 회의에 늦게 참석하면 회의시간이 예정보다 길어지고 있어
자기 표현	다른 업무에 지장을 받게 됩니다.
확인	이런 상황에 대해 어떻게 생각하는지 알고 싶은데 말해줄 수 있나요?

변화를 위한 피드백에서 세일즈맨에게 자신의 생각을 말할 기회를 주는 것이 중요하다. 세일즈맨의 행동에는 자신만의 목적이 있다. 세일즈매니저가 세일즈맨의 행동 목적을 이해하지 않은 채 행동의 변화를 요구하면 세일즈맨은 '내 사정을 잘 알지도 못하

면서……'라고 생각하면서 세일즈매니저의 요구를 제대로 따르지 못할 가능성이 높다.

세일즈매니저는 열린 질문을 사용하면서 대화할 때 대화의 효과를 높일 수 있다. 열린 질문을 통해 세일즈맨이 선택할 수 있는 방법을 다양하게 찾아 그중 세일즈맨 스스로 자신이 실행할 수 있는 방법을 선택할 수 있도록 도와주면 된다.

CHAPTER 6

스트레스를 해소하여 업무 성과를 높인다

'다양한 음식 재료가 담긴 바구니'와 '한 가지의 재료가 담긴 바구니'가 있다. 둘 중 하나를 고르라면 어떤 재료를 고르겠는가? 아마 '한 가지 재료만 담긴 바구니'를 선택할 사람은 아무도 없을 것이다. 재료가 다양하면 할 수 있는 요리도 많아지고, 음식도 맛있게 할 수 있기 때문이다.

'다양한 사람이 섞인 조직'과 '나와 성향이 비슷한 사람이 모여 있는 조직'이 있다. 선호하는 조직을 고르라고 하면 어떤 조직을 선택할까? 대부분의 사람은 '자신과 비슷한 사람이 모여 있는 조직'을 선호할 가능성이 높다. 그런데 음식에서는 '다양한 재료'를 선호하면서 조직을 운영할 때는 '비슷한 사람'을 선호하는 이유는 무엇일까? 자신과 성향이 비슷하면 관계 형성이 상대적으로 수월하다. 하지만 다양한 성향의 사람들과 관계를 유지하기 위해서는 많은 에너지를 쏟아야 한다.

사람은 본능적으로 에너지를 적게 소모하려는 경향이 있다.

익숙하지 않은 사람과 일할 때 더 많은 에너지가 소모된다.

세일즈매니저가 자신의 지시대로 세일즈맨이 움직이기를 바라는 이유도 가급적 에너지 낭비를 줄이기 위해서이다.

　세일즈매니저는 조직을 운영하기 위해 불필요한 에너지 소모는 줄이고 소모된 에너지는 즉시 채워야 한다. 이를 위해 세일즈매니저는 자신의 상태를 수시로 확인할 필요가 있다.

1

불필요한 스트레스의 원인을 파악하라

스트레스는 '신체에 가해진 어떤 외부자극에 대해 신체가 수행하는 일반적이고 비특정적인 반응'을 의미한다. 스트레스는 원래 물리학에서 '물체에 가해지는 물리적 힘'을 의미하는 용어로 사용되었는데, 의학에 적용되면서 개체에 부담을 주는 육체적·정신적 자극이나, 이러한 자극에 대한 생체의 반응을 의미하는 용어가 되었다.

흔히 말하는 '스트레스'의 어원은 라틴어 strictus 혹은 stringere로 strictus는 '팽팽한' 혹은 '좁은'이라는 의미를 지녔으며 stringere는 '팽팽하다'는 의미이다. 시간이 지나면서 스트레스는 역경, 고난, 어려움 따위를 지칭하는 용어로 사용되었고, 17세기에 이르러서 물리학에서 '어느 고형물체가 외부의 힘에 압도되어 물체표면의 연속성을 잃게 된 상태'라는 의미로 쓰이게 되었다.

스트레스를 받았을 때의 반응은 자극 호르몬인 아드레날린이나 다른 호르몬이 혈중 내로 분비되어 우리 몸을 보호하려고 하는 반응으로, 위험에 대처해 싸우거나 그 상황을 피할 수 있는 힘과 에너지를 제공한다. 스트레스 반응에 대한 신체의 변화는 다음과 같다.

■ 스트레스 반응의 신체 변화

① 근육, 뇌, 심장에 더 많은 혈액을 보낼 수 있도록 맥박과 혈압의 증가가 나타난다.

② 더 많은 산소를 얻기 위해 호흡이 빨라진다.

③ 행동할 준비 때문에 근육이 긴장한다.

④ 상황 판단과 빠른 행동을 위해 정신이 더 명료해지고 감각기관이 더 예민해진다.

⑤ 위험에 대비해 중요한 장기인 뇌·심장·근육으로 가는 혈류가 증가한다.

⑥ 위험한 시기에 혈액이 가장 적게 필요한 피부·소화기관·신장·간으로 가는 혈류는 감소한다.

⑦ 추가로 에너지를 얻기 위해서 혈액 중에 있는 당·지방·콜레스테롤의 양이 증가한다.

⑧ 외상을 입었을 때 출혈을 방지하기 위해 혈소판이나 혈액응고인자가 증가한다.

스트레스 상황이 되면 몸은 '생존'에 초점을 맞추게 된다. 호흡이 빨라지고 근육이 긴장하는 이유는 '적'으로부터 자신을 보호하기 위한 목적을 가지고 있다. 스트레스 상황에서는 눈앞에 있는 사람을 공격적으로 대하거나 피하게 된다. 대화를 하더라도 문제가 해결되기보다는 다툼으로 연결될 가능성이 높다.

스트레스의 원인은 매우 다양하다. 스트레스의 주요 원인은 '외적 요인'과 '내적 요인'으로 구분할 수 있다. 외적 요인으로는 소음, 강력한 빛·열, 한정된 공간과 같은 물리적 환경, 무례함·명령, 타인과의 갈등과 같은 사회적 관계, 규칙·규정·형식과 같은 조직사회, 친인척의 죽음, 직업상실, 승진과 같은 생활의 중요한 사건, 출퇴근 등 일상의 복잡한 일 등이 있다. 내적 요인은 수면부족, 과도한 업무, 알코올이나 카페인과 같은 생활양식의 선택, 비관적인 생각, 자기 비하, 자신에 대한 평가절하와 같은 부정적인 생각, 비현실적인 기대, 과장되고 경직된 사고와 같은 마음의 올가미, 완벽주의자·일벌레 등 스트레스가 잘생길 수 있는 개인 특성 등이 있다. 이것을 정리하면 다음과 같다.

■ 스트레스 요인

① 외적 요인

- 물리적 환경: 소음, 빛, 열, 더위, 닫힌 공간, 편리함의 감소 등
- 사회적 환경
  - 조직의 환경(규칙, 규정, 형식적 절차, 마감시간 등)
  - 사회적 관계(타인의 무례함, 명령, 공격적 태도, 괴롭힘 등)

- 개인적 사건
  - 중요한 사건(생로병사, 경제적 변화, 실직/사업실패, 승진, 결혼/이혼/사별/별거 등)
  - 일상적 사건(출퇴근, 기계고장, 열쇠 분실 등)

② 내적 요인

- 생활의 습관: 흡연, 수면 부족, 과도한 업무. 카페인·알코올 섭취 등
- 왜곡된 인지
  - 부정적 자기(비관적 생각, 자기 비난, 과도한 분석 등)
  - 생각의 함정(비현실적인 기대, 사적 감정 개입, '모 아니면 도'식의 극단적 사고, 경직된 사고 등)
  - 개인적 특성(완벽주의, 일중독 등)

세일즈매니저와 세일즈맨은 사회적 환경에 노출되어 있다. 세일즈매니저와 세일즈맨은 서로에게 스트레스를 주고받는다. 세일즈매니저가 조직의 환경에 순응하지 않는 세일즈맨에게 규칙을 따르라고 강요하면 세일즈맨은 스트레스를 받게 된다. 이럴 경우 세일즈맨은 "저를 위해 건강까지 해치면서 말씀해주셔서 감사합니다."라고 말하기보다는 말대꾸와 같은 공격적인 태도를 보인다. 세일즈맨의 이런 태도는 세일즈매니저에게 스트레스를 주게 된

다. 세일즈매니저와 세일즈맨은 스트레스를 주고받으면서 불필요하게 에너지를 사용하게 된다. 이렇게 에너지를 낭비하게 되면 세일즈에 사용할 에너지가 줄어들어 성과 또한 줄어들게 된다.

세일즈매니저와 세일즈맨의 내적 요인도 스트레스의 주요 원인이다. 앞에서 세일즈매니저는 '긍정적인 세계관'을 가져야 한다고 설명했는데, 세일즈매니저의 비관적 생각이나 경직된 사고 등이 스트레스의 원인으로 작용한다. 세일즈맨도 마찬가지이다. '나는 세일즈에 적합하지 않아', '저 고객은 나와 계약할 생각이 없어' 혹은 '내가 세일즈매니저에게 도움을 요청해도 세일즈매니저는 내 부탁을 거절할 거야'와 같은 생각은 스스로 스트레스를 부르는 생각이다.

세일즈매니저와 세일즈맨은 '운명공동체'이다. 서로에게 스트레스를 주고받는 것은 조직이나 개인에게 아무런 도움이 되지 않는다. 오히려 '적전분열'을 만드는 결과를 가져와 조직에 해를 끼치는 것과 같다. 세일즈매니저는 조직에서 발생하는 불필요한 스트레스의 원인을 파악해 예방하고, 스트레스를 건강하게 활용해 세일즈 성과를 높일 수 있는 방법을 찾을 필요가 있다.

2

적절한 수준의 스트레스는 업무 성과를 높인다

학창 시절 시험시간 직전의 모습을 떠올려보자. 대부분의 학생들이 시험 직전까지 한 문제라도 더 맞힐 요량으로 공부에 집중하는 모습을 볼 수 있다. 평소와 달리 옆에서 떠드는 소리가 귀에 들어오지 않는다. 순간적으로 엄청난 집중력을 보이기 때문이다. 그런데 만약 시험이 일 년 내내 매 시간마다 있다면 어떤 모습일까? 아마 앞에서 설명한 모습과는 다른 모습을 보일 것이다.

만약 자신이 과장으로 승진을 했는데 신입사원이 할 만한 수준의 업무가 주어지면 '놀면서도 할 수 있겠네.'라고 좋아하게 된다. 업무가 쉬우면 업무로 인한 스트레스도 거의 없거나 있더라도 아주 약해 쉽게 견딜 수 있다. 하지만 이런 상태가 오랫동안 계속되면 슬슬 불안해지기 시작한다. '내가 이렇게 쉬운 일만 해도 될까?', '이러다 동기들과의 경쟁에서 밀려나는 거 아냐?'와 같은 생각이 든다. 처음에는 즐겼던 쉬운 업무도 계속 반복되면 지겨워져 휴식이 아니라 고문으로 느껴질 수도 있다. 이처럼 업무 중에 받는 스트레스가 너무 약해도 생산적인 결과를 가져올 수 없다.

스트레스가 약해도 업무성과에 부정적인 영향을 미치지만 너무 강해도 문제가 된다. 학창 시절 시험 시간에 선생님이 자신의 옆에 서 있으면 굉장히 부담스럽다. 이런 상황은 외적 요인으로 인한 스트레스 상황이 된다. 세일즈매니저나 세일즈맨이 능력 이상의 목표를 받게 되면 부담을 느끼게 된다. 목표가 과도할수록 스트레스의 강도 또한 커진다. 목표 달성을 위해 무리하면 몸에 이상이 생겨 업무수행이 어려워지거나 '과로사'로 이어지기도 한다.

스트레스가 문제가 되는 이유는 스트레스의 강도가 너무 과도하거나 너무 낮을 때 만들어지는 부작용 때문이다. 적절한 수준의 스트레스는 학창 시절 시험 시간 직전의 모습처럼 업무에 몰입할 수 있게 만들어 업무의 생산성을 높여 준다. 따라서 세일즈매니저는 세일즈맨에게 적정 수준의 스트레스를 부여해, 세일즈맨이 활기차게 일할 수 있도록 준비하고 관리할 필요가 있다.

세일즈매니저는 세일즈맨의 스트레스 강도의 적정 수준을 파악하고 그 수준 내에서 목표를 부여할 경우 훨씬 더 높은 성과를 올릴 수 있다.

3

스트레스를 일찍 발견해야 해소도 쉽다

세일즈맨의 모습이 평소와 다르게 느껴지면 그것은 세일즈맨의 마음 깊은 곳에서 보내는 SOS 신호인지도 모른다. 신체적인 불균형과는 다르게 정신적으로 균형이 무너지면 본인도 눈치 채지 못하는 경우가 많다. 동료가 "요새 갑자기 짜증을 내는 경우가 많아졌어." 혹은 "멍하게 있는 모습이 자주 보여."라고 말하더라도 당사자는 "그런 일 없어."라고 퉁명스럽게 대답하는 경우가 많다. 이처럼 스트레스를 받고 있는 당사자는 자신의 상태를 정확하게 모를 수 있다.

동료들과 업무적인 대화는 많아도 서로의 마음을 터놓는 대화가 적은 조직 분위기라면 큰 고민이 있더라도 자신의 고민을 숨김없이 털어놓기가 어렵다. 세일즈매니저나 세일즈맨은 자신의 고민을 오랫동안 감추고 혼자서만 해결하려고 노력하다 마음의 병을 더 키우게 된다. 세일즈맨이 스트레스를 받으면 업무에서 실수가 느는 등 주변 사람들에게도 부정적인 영향을 미치고 사무실 분위기까지 나쁘게 만든다.

세일즈매니저는 세일즈맨의 스트레스를 조기에 차단해야 한다. '호미로 막을 것을 가래로 막는다'는 말처럼 스트레스를 방치하면 후유증은 수습이 어려울 정도로 커진다. 세일즈매니저는 항상 세일즈맨의 행동 변화를 주의 깊게 살펴야 한다. 평소와 다른 모습을 보이는 경우 그 이유가 있다. '별일 없을 거야'와 같은 안일한 생각은 문제를 키워 해결하기 어렵게 만드는 원인이 된다.

세일즈매니저는 세일즈 성과를 높이기 위해 모든 세일즈들이 일하기 편한 분위기로 만들 필요가 있다. 만약 아래의 체크 포인트에 해당되는 세일즈맨이 있다면 애로 사항을 해결해 주거나 휴식을 취하게 하는 등의 방법을 통해 도움을 주면서 스트레스를 해소할 수 있는 기회를 제공해야 한다.

■ 스트레스 체크 포인트

① 업무 처리

- 지각, 조퇴, 병가, 무단결근이 많아진다.
- 부주의로 인한 실수가 늘어난다.
- 세일즈를 적극적으로 하지 않는다.
- 정리정돈이나 업무의 뒤처리가 깔끔하지 못하다.
- 업무의 효율성이 떨어진다.
- 이유 없이 세일즈를 그만 두거나 다른 일을 하고 싶어 한다.
- 건망증이 심해졌다.

- 계산 실수가 잦아졌다.
- 자신의 권한이나 능력 그리고 업무범위를 벗어나는 일을 하려고 한다.
- 주제넘게 참견하려고 한다.
- 너무 지나치게 세일즈에 공을 들여 진척되지 않는다.
- 세부적인 내용에 집착하고 있다.
- 고객과의 미팅 중에 침착하지 못하고 불안해한다.
- 직장을 자주 옮긴다.
- 월요일에 자주 회사에 나오지 않는다.

② 언행과 태도

- 옷차림·말·태도가 단정하지 못하다.
- 이상한 복장을 한다.
- 행동이 느려진다.
- 표정의 변화가 별로 없다.
- 주위 사람이나 세일즈에 관심이 적어졌다.
- 혼잣말을 하고 혼자 웃고, 생각에 빠지는 일이 잦다.
- 웃음거리나 이상한 버릇 등이 눈에 띄게 늘었다.
- 이야기의 결말이 나쁘게 되거나 갑자기 말을 중간에서 끊기도 한다.
- 활기가 없고, 우울해 보인다.

- 자신감이 없으며 쓸데없는 걱정을 많이 한다.
- 과거의 사소한 것들을 항상 후회하는 경우가 빈번하다.
- 지나치게 허풍을 떨거나 갑자기 자신감이 넘치는 것처럼 행동한다.
- 돈을 흥정망정 써 다른 사람들에게 자주 돈을 빌린다.
- 술버릇이 나빠졌다.
- 전날의 과음으로 인한 후유증이 자주 나타난다.
- 아침부터 술 냄새를 풍긴다.
- 자신이 싫고, 힘들고, 죽고 싶다는 말을 자주 한다.
- 얼굴에서 밝은 모습이 없어지고 인상이 어두워졌다.
- 피해의식이 강하다.
- 사소한 일로도 밤중에 전화를 건다.

③ 대인관계
- 말수가 적어져 사람과 사귀는 것도 어렵다.
- 고객을 피하고 다른 사람의 시선을 무서워한다.
- 다른 사람의 말과 행동에 대해 필요 이상으로 신경 쓰고 의심한다.
- 초조해 하면서 자주 신경질을 낸다.
- 자주 말싸움을 하고 술을 마시면 주먹다짐까지 한다.
- 친하지 않은 사람에게 갑자기 매우 친근한 사이였던 것처럼

말을 건다.

- 자신과 관계없는 일에 참견한다.
- 토론하기를 좋아해 현실과는 직접 관계가 없는 추상적이고 철학적인 말을 무심결에 한다.
- 신경질적이고 기분이 갑자기 변한다.
- 자주 문제를 일으킨다.
- 불평불만이 많고, 주변 사람들과 대립하는 경우가 많다.

④ 신체 증상

- 불면증, 두통, 식욕부진, 전신 피로, 피로감 등을 자주 호소한다.
- 심장과 위장 등 몸 상태에 항상 신경 쓴다.
- 빈번하게 다니던 병원을 다른 병원으로 바꾼다.
- 혼자서 외출하거나 차에 타는 것을 무서워한다.
- 위장약, 영양제, 진통제 등을 상용하고 있다.
- 안색이 나빠졌다.
- 눈에 띄게 살이 빠졌다.
- 때로 멍한 모습을 보이거나 졸도하기도 한다.
- 사무실에서 조는 경우도 있다.

세일즈매니저와 세일즈맨은 유사한 스트레스를 경험한다. 세일즈 활동을 위해 세일즈맨은 고객과의 '사회적 관계' 형성이 반드시 필요하기 때문에 인간관계로 인한 스트레스에서 벗어날 수 없다. '세일즈를 열심히 한다'는 것은 '스트레스를 많이 받는다'는 의미와 같다. 세일즈맨과의 '사회적 관계'로 인한 스트레스가 세일즈매니저에게 가장 큰 영향을 미치고 있다. 세일즈매니저는 세일즈맨이 스트레스를 건강하게 활용해 세일즈 성과를 높일 수 있도록 하고, 스트레스로 인해 활동에 제약을 받는 세일즈맨이 이를 극복할 수 있도록 도울 필요가 있다.

4

스트레스를 해소하는 효과적인 방법

세일즈매니저나 세일즈맨이 스트레스를 효과적으로 해소하기 위해서는 '스스로의 노력'과 '다른 사람의 도움'이 필요하다. 스트레스 상황에서 더 높은 성과를 내는 사람도 있지만 좌절해 세일즈를 그만두는 사람도 있는 것처럼 사람마다 스트레스에 대한 내성도 다르고 스트레스를 해소하는 방법도 다르다. 주변에서 아무리 도움을 주려고 해도 스스로의 노력이 없으면 소용이 없다. 가장 중요한 것은 스트레스를 이겨내겠다는 본인의 의지이다.

스트레스를 이겨내기 위해서는 본인의 노력과 함께 주변의 도움이 필요하다. 스트레스를 받았을 때 마음을 터놓고 대화할 수 있는 사람이 많을수록 스트레스 해소에 도움이 된다. 친밀하게 대화할 수 있는 동료의 수를 늘리는 방법은 스트레스를 줄이거나 극복하기 위해 대단히 중요하다.

스트레스로 마음에 상처를 입고 있는 사람은 마음도 몸도 피곤하고 몸 상태도 그다지 좋지 않다. 이런 상태가 되면 휴식을 통해 피로를 해소할 필요가 있지만 세일즈매니저나 세일즈맨은 자신이 원할 때마다 휴식 시간을 갖기가 어려워 스트레스가 계속 몸에 쌓이게 된다.

이런 상황이 되면 스트레스를 해소하기 위해 다양한 방법을 동원한다. 스트레스 해소에 효과적인 방법도 있지만 오히려 스트레스를 악화시키는 방법도 있다. 대표적인 방법이 '술'이다. 친한 동료들과 가볍게 술을 마시면서 자신의 어려움을 털어놓고 동료의 따뜻한 위로는 스트레스 해소에 분명히 도움이 된다.

하지만 지나친 음주는 스트레스 해소에 도움이 되기는커녕 더 큰 문제를 만들게 된다.

술의 부작용은 크게 두 가지로 나눌 수 있다. 하나는 신체적인 영향이다. 술이 위나 간에 나쁜 영향을 미친다는 사실을 누구나 알고 있다. 더 실질적인 문제는 과음한 다음 날 세일즈 활동에 부정적인 영향을 미치게 된다. 세일즈맨과 마찬가지로 세일즈매니저도 술을 마신 다음 날의 몸 상태는 정상이 아니어서 세일즈맨에게 제대로 된 도움을 주기가 어렵다.

다른 하나는 심리적인 문제이다. '가장 맛있는 안주는 상사'라는 말처럼 술자리에서의 대화 주제는 사람에 대한 비난이 되기 쉽다. 세일즈매니저는 자신의 상사나 세일즈맨을, 세일즈맨은 세일즈매니저나 고객이 비난의 대상이 된다. 술자리에서 하는 욕이나 비난은 스트레스를 한 방에 날려버리는 마법을 부리지만 효과는 그때뿐이다. 상대방을 비난할 때 머릿속에서는 상대방에 대한 부정적인 이미지가 떠오르면서 공격하고 싶은 충동이 생긴다. 이런 부정적인 생각들은 일시적으로 폭발적인 힘을 내게 만들어 주변 사람들을 공격하게 만들기도 한다.

부정적인 생각들은 에너지를 고갈시키는 역할을 한다. 실컷 욕을 하고 난 다음 몸에 활기를 느끼기는커녕 공허함과 함께 몸에 힘이 쭉 빠지는 것을 느낄 수 있다. 이렇게 되는 이유는 부정적인 생각이 에너지를 소진시켰기 때문이다.

스트레스를 현명하게 해소하는 방법으로 동료들과의 대화가 있다. 동료들로부터 듣는 "수고했어."와 같은 인정의 말이 스트레스 해소에 도움이 된다. 힘들 때 동료나 주변 사람들에게 받는 따뜻한 위로는 많은 도움이 된다. 세일즈매니저는 세일즈맨이 피곤해하면 세일즈맨의 마음을 읽어줄 필요가 있다. "많이 피곤하세요?", "뭔가 고민이 있어요?"라고 먼저 묻고 자신의 물음에 대답하는 세일즈맨의 마음을 헤아리고 들어주며 세일즈맨을 진심으로 걱정하고 있다는 마음을 전하는 행동은 세일즈맨의 스트레스 해소에 많은 도움이 된다.

① 휴식을 취하게 한다

세일즈매니저는 세일즈맨이 스트레스를 받았다고 생각되면 먼저 몸을 쉬게 할 필요가 있다. 무리하게 활동해 피곤해 하거나 좌절을 경험한 세일즈맨에게 '휴식을 하라'는 단순한 권유보다 직장

동료로서 '당신을 응원하고 있다'는 믿음을 줄 필요가 있다.

예를 들어 "너무 열심히 일을 하는 모습을 보면서 나도 뭔가 보답하고 싶다. 조금 여유를 가지고 휴식을 취했으면 좋겠다."와 같은 말은 스트레스 해소에 도움이 된다.

② 그저 잘 들어준다

마음이 아픈 사람은 누군가가 자신의 말을 그저 들어주는 것만으로도 기분이 가볍게 되는 경우가 많다. 하지만 세일즈맨의 말을 들으면서 안타깝다고 여겨 어설프게 충고를 하거나 설교나 격려와 같은 말은 오히려 역효과를 내기 쉬워 주의할 필요가 있다. 같이 흥분하거나 화를 내는 것도 문제를 악화시키는 원인이 된다. 그저 들어주기만 해도 충분하다. '들어준다'는 의미는 세일즈맨이 화를 내는 행동과 같이 다분히 감정적이 반응을 보이더라도 차분하게 세일즈맨을 이해하면서 세일즈맨의 말에 귀를 기울여주라는 의미이다.

③ 대화 내용은 다른 사람에게 말하지 않는다

많은 사람들은 자신에게 말 못 할 고민이나 문제가 있더라도 다른 사람의 도움을 받기보다는 혼자서 조용히 처리하려고 한다. 다른 사람의 도움을 받기 꺼려하는 이유는 '저 사람이 이 문제를 도와줄 수 있을까?'라는 의심과 함께 '내가 한 말에 대한 비밀이 지켜질까?'에 대한 확신이 없어서이다.

대부분의 사람들은 자신의 고민을 다른 사람에게 털어놓기까지 엄청난 고민을 한다. '내 고민을 누구에게 말해야 나를 이해하고 도움을 얻을 수 있을까?'에 대한 끝없는 탐색 끝에 가장 신뢰할 수 있다고 생각되는 사람을 선택한 다음 자신의 고민을 말하게 된다. 믿고 말했던 사람이 약속을 어기게 되면 '사람에 대한 실망'으로 더 이상 마음의 문을 열지 않게 된다. 이런 문제를 방지하기 위해 세일즈매니저는 반드시 세일즈맨과의 약속을 지켜야 한다.

④ 술은 역효과를 가져오니 피한다

침울해 하는 동료가 있으면 "한잔 하면서 얘기해볼까?"라고 말하는 사람들이 생각보다 많다. 가볍게 한잔 하면서 분위기를 부드럽게 하는 정도라면 도움이 되지만 서로 고민을 털어놓을 경우 평소보다 더 많은 양의 술을 마실 가능성이 높아진다. 과음하면 신체적이나 심리적인 문제가 발생할 수 있기 때문에 가급적 술자리를 피해 대화를 나눌 필요가 있다.

의학적으로 술은 문제 해결에 도움을 주기는커녕 몸도 마음도 더 피곤하게 만든다. 더 큰 문제는 심리적인 영향이다. 술을 마시면 사고능력이 떨어져 문제 해결에 집중할 수 없게 된다. 또한 감정적인 반응을 보이기 쉬워 '비난'과 같은 부정적인 말을 할 가능성이 높아진다. 자신은 '착한 사람'으로 상대방은 '나쁜 사람'으로 구분하고 '나쁜 사람'에게는 비난과 같은 말로 다양한 처벌을 내리면서 심리적인 위안을 삼게 된다. 그러나 술이 깨고 나면 자신이 꿈꾸던 세상과 현실이 너무나 다르다는 것을 깨닫게 되며, 그 순간 상실감과 무력감은 더 커지게 된다.

문제를 현명하게 해결하기 위해서는 술이나 술을 함께 마실 동료보다는 문제 해결에 실제로 도움을 줄 수 있는 사람을 찾는 노력이 필요하다. 자신이 찾는 사람이 갈등 당사자여도 괜찮다.

갈등 당사자가 함께 갈등의 원인과 해결 방법을 찾는 것이 갈등을 생산적으로 해결할 수 있는 가장 빠르고 현명한 방법이다.

⑤ 중요한 의사결정은 보류한다

스트레스로부터 공격을 받는 상태가 되면 비관적이 되거나 의욕이 저하된다. 이럴 때 '세일즈를 그만 두겠다' 혹은 '계약을 포기하겠다'와 같은 중요한 결정을 하게 되면 정상적인 판단을 내릴 수 없다. "지금은 피곤하기 때문에 몸 상태가 좋아지면 결정하겠다."라고 말하고, 중대한 결정은 피하는 것이 스트레스로 인한 후유증을 줄이는 현명한 대처방법이다.

⑥ 전문가의 도움을 받는다

세일즈매니저가 세일즈맨에게 도움을 주더라도 혼자 해결하기 어려울 경우 전문가로부터 도움을 받을 것을 권한다. 가족의 도움도 중요하기 때문에 함께 할 수 있는 방법에 대한 의견 교환도 중요하다. 안심하고 휴식할 수 있도록 하고 동료 세일즈맨들을 이해시킬 필요가 있다.

5

스트레스로 인한 분노에 대처하는 방법

분노는 세일즈매니저가 세일즈맨에게 가하는 가장 큰 스트레스이다. 분노는 마약과 같아서 한 번 사용하기 시작하면 중독되어 끊기가 어렵다. 세일즈매니저가 세일즈맨에게 분노에 가득한 목소리로 화를 내면 세일즈맨의 움직임이 빨라진다. 이런 모습을 보면서 세일즈매니저는 '드디어 성과를 올릴 수 있는 효과적인 방법을 찾았다.'고 기뻐할 수 있지만 실상은 세일즈매니저의 바람과는 반대의 결과를 낳게 된다.

세일즈맨은 자신의 에너지를 온전히 세일즈에 쏟아야 성과를 낼 수 있다. 세일즈매니저가 세일즈맨에게 분노를 표출하면 세일즈맨은 세일즈매니저의 분노를 피하는데 자신의 에너지를 사용하게 된다. 세일즈맨은 '일단 소나기는 피하고 보자'는 생각으로 세일즈매니저의 눈치를 보거나 세일즈매니저의 요구에 따르는 척 한다. 하지만 세일즈맨의 이런 행동은 세일즈매니저로부터 '화'를 피하기 위한 일시적인 행동일 뿐이다. 장기적으로 세일즈매니저의 분노는 오히려 조직의 성과를 떨어뜨리는 부작용을 가져오게 된다.

■ 분노의 매커니즘과 영향

분노는 자신의 욕구가 충족되지 않았을 때 일어나는 강한 부정적인 감정이다. 혈중 아드레날린이 증가하고 심박 수가 높아지는 등 생리적, 신체적 반응을 동반한다. 분노는 자신이 바라는 결과와 기대를 방해하는 사람에 대한 공격적인 반응이다. 자신이 원하는 결과를 얻지 못하게 방해하는 사람을 '적'으로 간주해 자신을 분노하게 만든 사람을 공격하게 되고, 공격받은 사람이 반격하면서 상황이 악화된다.

하지만 분노에는 부정적인 영향만 있는 것이 아니라 긍정적인 속성도 있다. 분노는 자신과 상대방의 바람을 알아차릴 수 있는 새로운 기회이다. 세일즈매니저나 세일즈맨들이 느끼는 거의 모든 분노의 이면에는 '자기존중과 인정'의 바람이 담겨있다.

■ 자신의 분노에 대처하는 방법

분노와 같은 강한 감정은 대화가 곤란해진 상황에서 폭발하기 쉽다. 분노를 느끼면 '반사적 반응'을 하기 때문에 건설적인 커뮤니케이션이 어려워진다. 더욱이 이 감정은 주변 사람들에게도 전파되며, 대화중인 경우 분노를 억제할 수 없어 폭발하기도 한다. 이런 상황이 되기 전에 세일즈매니저는 먼저 자신의 행동에 영향을 미치는 분노의 레벨을 체크할 필요가 있다.

■ 분노 레벨 체크

• 청색 신호: 자신의 감정을 자각하고, 의식적인 조절이 가능하다.

• 황색 신호: 아직 참을 수는 있지만 오랫동안 참기는 어렵다.

• 적색 신호: 모든 행동이 조절가능하지 않다. 말하지 않아도 될 내용까지도 말해 관계에 부정적인 영향을 미친다. 목소리도 상당히 커진다.

적색 신호에 이를 정도가 되면 행동의 억제는 효과가 없고 실수를 반복하게 되며, 분노를 가라앉히는 데에도 시간이 많이 걸린다. 세일즈매니저는 자신의 행동에 대한 억제효과가 남아있는 황색신호에서 자신의 기분을 차분하게 가라앉힐 필요가 있다.

세일즈매니저는 감정조절을 위해 업무나 휴식 중에 다음과 같은 방법을 사용할 수 있다. 휴식 등을 통해 생각을 잠시 멈출 수 있다면 선택의 폭은 넓어질 수 있다. 가능하다면 정당한 이유를 붙여 휴식을 취하고 그 장소로부터 벗어나 마음의 여유를 찾을 필요가 있다.

■ 감정조절 방법

업무 중에도 가능한 방법	휴식 중에 가능한 방법
심호흡을 한다. 코로 숨을 깊게 들이마시고 입으로 천천히 숨을 뱉어낸다. 3~4회 반복한다.	편안한 사람에게 전화를 하고, 조용한 장소에서 차를 마시는 등 다른 활동을 한다.
머릿속에서 숫자를 센다. 업무에 몰입하기 위해서는 20부터 1까지 거꾸로 센다.	화장실 변기에 앉아 마음을 차분하게 만드는 음악을 듣는다.
정말로 원하는 결과가 무엇인지 생각한다.	심호흡을 반복하고 마음에 드는 스트레칭을 한다.
일시적으로 화제를 바꾼다.	잠깐 침묵하고 감정적일 때의 위험을 예측한다.
세일즈맨에게 실례가 되지 않는 범위 안에서 가급적 편한 자세를 취한다.	세일즈맨과 합의에 이르지 못해도 좋다면 다른 선택지에 대해서도 생각해본다.
세일즈맨의 공격적인 언행에 직접 반응하지 말고 세일즈맨의 말을 공이라 생각하고 뒤에 있는 벽에다 던지는 모습을 그려본다.	어쨌든 활짝 웃어보라. 표정을 움직이는 것으로도 감정에 변화가 생긴다.
자신의 마음에 드는 장소, 편안한 장소를 상상해본다.	잠깐 마음을 가볍게 하고 약간 빠르고 편안하게 걷는다.

세일즈매니저의 분노가 조직에 미치는 영향은 크다. 분노는 홍수와 같아 그동안 쌓아올린 세일즈맨과의 신뢰 관계를 일시에 없애버린다. 홍수가 지나고 난 자리를 원래의 모습으로 되돌리기 어

려운 것처럼 분노의 후유증은 엄청나 회복을 위해서는 시간과 노력이 필요하다. 세일즈맨을 향한 분노 표출은 아주 쉬워 아무나 할 수 있다. 하지만 분노를 표현하지 않으면서 업무를 수행하기 위해서는 많은 노력이 필요하다. 이런 노력은 '성과'라는 보상을 가져다 줄 것이다.

성과를 내는 세일즈매니저는 무엇이 다른가

CHAPTER 7

조직을 위한
갈등을 관리하고
예방한다

소통이 조직의 성과에 결정적인 영향을 미친다. 세일즈매니저와 세일즈맨 사이의 소통 부족은 성과가 부진한 세일즈 조직의 공통점이다. 세일즈 조직에서 소통의 중요성을 강조하고 교육에 많은 시간과 비용을 투자하는데도 불구하고 제대로 된 소통이 되지 못하는 이유는 '힘의 사용'에 있다. 여기서 '힘'은 폭언이나 폭력과 같은 '물리적 힘'뿐만 아니라 세일즈매니저와 세일즈맨 사이에 만들어지는 '심리적 힘'도 포함된다.

세일즈매니저가 세일즈맨을 비난하는 모습을 자주 볼 수 있다. 자신과 함께 일하는 세일즈맨에게 "제대로 제품 설명도 못하는 주제에 세일즈를 한다고?" 혹은 "저렇게 게으르니까 저 꼴이지." 와 같은 말을 동료들에게 스스럼없이 하는 세일즈매니저도 있다. 세일즈매니저가 세일즈맨에게 하는 이런 말에는 세일즈맨을 자신의 뜻대로 행동하도록 만들고 싶은 '심리적인 힘'이 들어 있다.

세일즈매니저로부터 이런 말을 직간접적으로 듣는 세일즈맨은 긍정적인 생각보다는 부정적인 생각을 하기 쉽다. 세일즈맨이 이런 생각을 하게 되면 세일즈매니저에게 직접 말하지는 않지만 자세나 태도를 통해 '나는 당신을 싫어한다'는 저항의 메시지를 담아 세일즈매니저에게 보내게 된다. 이런 메시지에도 마찬가지로 '심리적인 힘'이 담겨있다.

세일즈매니저와 세일즈맨이 주고받는 힘은 조직에 영향을 미치게 된다. 격려와 같은 긍정적인 힘은 조직의 발전을 가져오지만 비난과 같은 부정적인 에너지가 담긴 말은 조직원들에게 부정적인 영향을 미친다. 세일즈매니저가 세일즈맨에게 보이는 부정적인 태도는 조직의 균열을 초래하는 원인이 된다.

1

대결보다는 협력이 필요하다

갈등이란 간단히 말하자면 의견의 대립과 충돌이다. 갈등을 나타내는 영어인 'conflict'는 물리적인 폭력, 사고방식이나 이에 대한 강한 의견의 대립 등을 의미한다. 갈등의 사전적 의미는 두 개 이상의 상반되는 경향이 동시에 존재하여 어떤 행동을 결정하지 못하는 경우를 말한다. 그러나 의견대립이 항상 갈등을 일으키는 것은 아니다. '비 온 뒤에 땅이 굳는다'는 속담처럼 갈등을 어떻게 해결하느냐에 따라 서로의 관계를 더욱 발전시킬 수 있다.

모든 사람들은 일상에서 갈등을 경험하고 있다. 공부를 하지 않는다고 컴퓨터에서 게임을 없애버리려는 부모와 그것을 거부하는 아이의 다툼, 가족의 여름 휴가지로 남편은 산을 아내는 바다를 휴가지로 고집할 때, 회사 내에서 납기 일자를 명확하게 알려달라고 요구하는 영업담당자와 납기를 정확하게 알려주기가 어렵다는 생산담당자, 기업을 합병할 때 어떤 회사의 전산시스템을 사용할까에 대한 의견 대립, 이런 모든 것들이 갈등이다. 눈을 떴을 때, '아침을 거르고 10분 더 잘까? 말까?'라고 고민하는 사람의 마음속에서 일어나는 대립도 갈등이라 할 수 있다. 갈등의 종류와 단계는 다양하지만 '말썽이 일어났다.' 혹은 '문제가 생겼다.'고 느꼈을 때 갈등이라고 파악하면 이해하기 쉽다.

■ 갈등 상황 시의 반응

• 분위기가 소극적이 된다.

• 대화방식이 공격적이 된다.

• 과잉 논쟁이 되기 쉽다.

• 다른 사람의 말에 면박, 험담, 비난 등의 반응을 보인다.

• 타협하기 싫어한다.

• 회사에 결근하는 횟수가 늘어난다.

• 부주의한 행동을 보인다.

• 다른 사람과 시선을 마주치는 것을 피하고, 상대방과의 대화에서 딴청 피우기를 한다.

세일즈매니저와 세일즈맨의 갈등으로 조직의 성과가 떨어지거나 갈등이 심해져 회사가 문을 닫는 경우도 있다. 세일즈매니저나 세일즈맨이 목적 달성을 위해 다른 사람과 충돌을 일으키게 되면 도움이 되기보다는 모두가 피해를 입을 가능성이 높아진다. 서로가 대결로 가기보다는 협력해 갈등을 함께 해결하는 방법을 선택해야 한다. 이를 위해 갈등의 특징을 알아보자.

1) 갈등, 방치하면 문제는 커진다

여느 때와 마찬가지로 사무실로 출근한 세일즈맨 A씨, 그날따라
세일즈매니저의 반응이 싸늘하다.

이런 상황이라면 어떻게 반응하겠는가? 세일즈매니저에게 보
이는 반응에 따라 세일즈맨을 두 부류로 나눌 수 있다. 한 부류
는 '아침부터 또 시작이네.'와 같은 생각을 하면서 세일즈매니저에
게 아무런 관심도 보이지 않은 채 자기 자리로 가는 세일즈맨이
다. 이런 종류의 세일즈맨은 세일즈매니저에게 관심이 적은 사람
들이다.

다른 한 부류는 세일즈매니저에게 다가가 "표정이 불편해 보이
는데, 무슨 일 있으세요?"라고 묻는 세일즈맨이다. 이때 세일즈매
니저로부터 "네, 어제 밤에 애가 갑자기 아파 병원에 입원하게 되
어서……."라는 대답을 들을 수 있다. 세일즈맨으로부터 관심을
받은 세일즈매니저는 마음이 편안해지면서 자신의 답답한 마음
을 털어놓을 수 있는 기회를 얻게 된다.

이처럼 상대방과 대화를 하면 상대방의 상황을 이해할 수 있
게 된다. 상대방의 상황을 이해하기 위한 시도를 하지 않게 되면
상대방의 속마음을 이해할 수 있는 기회는 사라지게 된다.

상대방에 대한 무관심한 행동은 상대방의 마음에 상처를 남겨

서로의 관계에 금이 가게 된다.

세일즈맨은 세일즈 과정에서 빈번하게 갈등을 경험하게 된다. 고객이 세일즈맨에게 물건을 구입하면서 계약 내용에 대해 질문을 했는데 세일즈맨이 깜빡 잊고 대답을 하지 않은 경우를 보자. 고객은 세일즈맨의 대답이 늦어지는 것에 대해, '계약규모가 작다고 나를 무시하네.' 혹은 '계약내용에 어떤 문제가 있어 나를 피한다'고 의심할 수도 있다. 고객은 이런 생각을 하면서 세일즈맨의 대답을 기다리고 있지만 세일즈맨으로부터 계속해서 답이 없으면 세일즈맨에게 불만을 제기하게 된다. 세일즈맨은 고객의 불만제기에 대해 처음에는 '별거 아닌 걸로 자신을 괴롭힌다.'고 생각해 고객의 오해를 풀기 위한 노력을 게을리 할 수도 있다.

이런 세일즈맨의 태도에 대해 고객은 세일즈맨이 자신을 무시했다고 확신하고 자신을 무시한 세일즈맨을 괴롭힐 궁리를 하게 된다. '내가 힘들었던 것처럼 너도 한 번 당해봐라'는 생각으로 자신이 할 수 있는 모든 방법을 동원해 세일즈맨을 괴롭히게 된다.

이런 일이 생기면 세일즈맨은 문제 해결에 많은 시간을 써야 해 세일즈 활동을 제대로 못하게 된다. 고객이 문제 해결에 협조하지 않기 때문에 문제가 해결되기까지 세일즈맨은 상당한 심리적인 압박을 받게 된다. 일에 대한 자신감과 의욕이 사라져 세일즈를 그만두게 되는 경우도 있다. 이런 일은 세일즈맨뿐만이 아니라 회사 내에서도 언제든지 발생할 수 있다. 그렇기 때문에 일단 문제가 발생되었다면 빨리 수습을 해야지 그렇지 못한 경우에는 문제 해결도 어려워지고 엄청난 대가를 치를 각오를 해야 한다.

아무리 사소한 갈등이라도 초기에 대응하는 자세가 누구에게나 필요하다. 결국 초기 대응을 어떻게 하느냐에 따라 갈등 상대방과의 관계가 더 탄탄해질 수도 있고, 관계가 단절될 수도 있다.

2) 갈등에는 긍정적인 면도 있다

많은 사람들이 갈등을 기피하는 이유는 부정적인 경험 때문이다. 다른 사람과의 다툼이나 대화 단절과 같은 부정적인 경험 때문에 갈등으로 인해 얻을 수 있는 긍정적인 면을 알지 못하는 경우가 많다.

과거에는 미꾸라지를 운반할 때 수조에 메기를 함께 넣어 운반했다. 이렇게 하면 미꾸라지는 천적인 메기로부터 살아남기 위해 활기차게 움직이기 때문에 건강한 상태를 유지하면서 목적지에 도착할 수 있었다. 이처럼 갈등 상황이 항상 부정적인 결과를 만들지 않는다.

갈등은 갈등 그 자체보다는 갈등 상황을 받아들이는 사람의 태도에 따라 그 결과가 달라진다. 두 사람 사이에 의견 차이가 발생했을 때 그 차이를 해소하는 과정에서 갈등의 긍정적인 면을 경험할 수 있다.

세일즈매니저와 세일즈맨이 심한 갈등으로 관계가 멀어졌더라도 얻을 수 있는 교훈은 분명히 있다. 적어도 '갈등을 해결하지 않으면 손해다.' 혹은 '갈등을 해결하려고 적극적으로 노력하지 않으면 아무도 해결해줄 수 없다.'와 같은 교훈을 얻을 수 있다.

■ 갈등을 통해 경험할 수 있는 교훈–개인적인 면

① 자신과 다른 사람에 대한 이해가 깊어진다.

② 커뮤니케이션 스킬을 배울 수 있는 기회가 된다.

③ 정확한 자기 평가가 가능하다.

④ 다른 사람의 의견을 수용해 사고의 폭을 넓힐 수 있다.

⑤ 새로운 발상과 아이디어를 얻을 수 있다.

⑥ 상대방의 발상과 아이디어에 대한 가치 확인이 가능하다.

⑦ 다른 각도에서 사물과 주변 사람들과의 관계를 보면서 즐길 수 있게 된다.

■ 갈등을 통해 경험할 수 있는 교훈–조직적인 면

① 갈등에 대해 조직원이 서로 대화를 함으로써 조직의 문제를 공유하고 보다 효과적인 해결책 마련이 쉬워진다.

② 조직원이 다양한 방법으로 조직의 문제에 대응함으로써 인간관계의 강화와 사기 진작이 가능해진다.

2

피할 수 없으면 즐겨라

한 번이라도 갈등으로 인해 힘든 경험을 한 세일즈매니저는 "더 이상 갈등을 경험하지 않았으면 좋겠다."라고 말한다. 갈등이 없으면 감정이 요동 칠리도 없고, 편하게 업무를 수행할 수 있을 것이라고 생각하기 때문이다.

이런 생각을 하는 배경에는 '갈등은 나쁜 것이다.'라는 생각이 자리 잡고 있다. 갈등은 부정적인 결과를 가져오기에 '갈등이 없었으면 좋겠다.'라고 생각하게 된다. 과연 모든 갈등은 다 나쁘고, 또 모든 갈등들은 전부 다 나쁜 결과만을 초래하는 것일까?

갈등을 예방하고 해결하기 위해서는 '갈등'에 대한 명확한 인식이 필요하다.

■ 갈등은 언제나 나쁜 것이다?

'다른 사람과의 갈등이 없어졌으면 좋겠다'는 '갈등은 나쁜 것이다.' 혹은 '갈등은 부정적인 결과를 만든다.'라는 전제를 가지고 한 판단이다. 하지만 갈등은 상황을 좀 더 발전시키는 일종의 '마찰력'과도 같은 역할을 한다. 자동차가 앞으로 달리기 위해서는 지표면과 바퀴 사이의 '마찰'이 불가피하다. 아니, 이 마찰이 없다면 자동차는 앞으로 나갈 수조차 없다. 아주 매끄러운 얼음 위에서 자동차가 헛바퀴만 돌고 앞으로 나가지 못하는 모습을 떠올리면 쉽게 이해될 것이다.

갈등은 다양한 이유로 발생한다. 세일즈매니저가 자신과 세일즈맨 사이에서 발생한 갈등이나 세일즈맨들 사이에서 발생한 갈등을 해결하려 노력한다면 이 과정에서 커뮤니케이션 능력을 향상시킬 수 있고 조직의 성과와 자신의 리더십도 빛나게 만들 수 있다.

이 세상에 나 이외에 다른 사람이 존재하는 한 갈등으로부터 자유로울 수 없다. 또 사라져서도 안 되는 것이 갈등이다. 그렇기 때문에 갈등을 '나쁜 것'이나 '피해를 주는 것'이라는 부정적인 인식을 갖고 있는 한 갈등은 자신에게 반드시 부정적인 영향을 주게 된다. 따라서 세일즈매니저가 갈등을 대할 때 갈등의 부정적인 영향이 아니라 갈등의 긍정적인 결과에 주목하고 조직의 발전에 도움이 되는 방법을 찾는 것이 갈등을 대하는 현명한 태도이다.

■ 갈등은 피하면 사라진다?

일부 세일즈매니저들은 세일즈맨과 갈등이 발생하면 적극적인 해결보다는 회피하는 방법을 선택하기도 한다. '시간이 약이다'라는 말처럼 시간이 지나면 갈등이 저절로 해결될 거라는 '희망'을 가지고 있다. 하지만 일단 시작된 갈등은 상대방의 마음속에 깊이 자리매김해 갈등이 해결되기 전까지는 어떤 형태로든 서로에게 영향을 미치게 된다. 세일즈매니저가 세일즈맨과의 갈등을 해소하지 않고 모른척하고 있으면 세일즈맨은 세일즈매니저의 태도에 실망하게 되고, 결국에는 회사에 대한 불신이 마음속에 자리 잡게 된다.

세일즈매니저가 갈등 해결에 소극적이거나 회피한다고 세일즈맨이 인식하게 되면 갈등 해결을 위한 노력을 포기하게 된다.

이렇게 되면 세일즈맨은 자신의 의견을 더 이상 드러내지 않을 수도 있다. 세일즈매니저의 입장에서는 세일즈맨의 이런 태도가 반가울 수 있다. 하지만 이것은 휴화산과 같다. 겉으로 보기에는 안전하고 평화로워 보이지만 세일즈맨의 마음속에서는 '불신'의 에너지가 계속 쌓이면서 폭발할 시기만을 기다리게 된다.

이런 상황을 피하기 위해 세일즈매니저에게는 갈등을 해결하겠다는 의지가 필요하다.

일단 갈등이 발생했다는 생각이 들면 적극적으로 갈등을 해결해야 한다. 갈등은 피하고 싶다고 피할 수 있는 것이 아니다.

갈등을 제대로 이해하고 활용할 수 있다면 훨씬 더 건강하고 활기찬 삶을 영위할 수 있다.

■ 갈등은 소통이 단절되었다는 의미이다?

갈등은 의사소통의 원활하지 않을 때 시작되기도 하지만 갈등을 극복하는 과정에서 소통이 촉진되기도 한다. 갈등 상황에서 가장 현명하지 못한 태도는 '갈등에 대한 회피'이다. 회피는 서로 간의 '대화의 단절'을 가져오게 된다.

갈등 그 자체로는 아무런 문제가 없다. 세일즈맨과 의견이 다르다고 반드시 문제가 생기는 것은 아니다. 갈등을 악화시키는 원인은 '갈등을 대하는 세일즈매니저의 태도'이다. 나와 다른 의견을 가진 세일즈맨을 '동료'로 보지 않고 '적'으로 인식해 적대적인 태도를 취하게 된다. 이런 적대적인 태도는 반사적 반응을 하게 만들어 대화를 단절시키기도 하지만 과도하게 만들기도 한다.

갈등은 살아있는 사람만이 경험할 수 있다. '갈등이 있다'는 것은 '내가 살아있다'는 뜻이다. 세일즈매니저는 살아있는 사람만이 누릴 수 있는 특권인 갈등을 생산적인 결과를 만들기 위해 사용한다면 갈등이 얼마나 큰 축복인가를 느끼게 될 것이다.

■ 갈등에는 항상 승자와 패자가 있다?

갈등의 끝에는 패자가 있고 승자가 있는 것 같지만, 사실은 모두 다 '패자'만 있을 뿐이다. 함께 살다 이혼하는 부부에게 누가 더 훌륭했다고 정하는 것이나 서로 얼굴을 붉히면서 막말하는 세일즈매니저와 세일즈맨 중 '누가 더 옳은가?'를 정하는 것은 아무런 의미가 없다. 둘 다 마음의 상처를 입고 서로에 대해 앙심을 품게 될 뿐이다.

세일즈매니저와 세일즈맨은 갈등을 해결하는 과정에서 서로를 제대로 이해할 수 있다. 이런 경우 두 사람 모두 '승자'가 될 수 있다. 갈등을 어떻게 해결하느냐에 따라서 '모두 다 패자 혹은 모두 다 승자'의 두 가지 길만 있을 뿐이다.

■ 언제 어느 상황에서도 갈등은 생길 수 있다

갈등은 '문제가 있을 때 생기는 것'이기는 하지만 좀 더 넓은 관점에서 바라보면 '다른 사람과의 상호작용에서 생기는 것'이라고 할 수 있다. 세계관이 전부 다른 사람들이 모여 있는 조직에서 갈등은 '언제 어디서든' 일어날 수 있는 것이다. 따라서 세일즈매니저는 갈등을 피하지 말고, 언제나 담담하게 받아들이면서 '어떻게 이 문제를 해결할 것인가'에 초점을 맞추는 것이 좀 더 현명한 결과를 만들 수 있다.

■ 갈등은 신뢰 형성에 도움이 된다

때로는 갈등이 오히려 관계 형성에 도움을 줄 수 있다. 세일즈매니저에게 불만을 가진 세일즈맨이 세일즈매니저와의 대화를 통해 자신이 알지 못했던 이유를 알게 되면서 오해를 풀고 세일즈매니저에게 고마움을 느낀다거나 동료들과의 다툼에서 서로 대화를 통해 동료를 이해하게 되면서 관계가 돈독해지는 경우를 주변에서 흔히 만날 수 있다. 친구들 사이에서도 한 번도 싸워보지 않은 친구보다는 때로는 티격태격하고 싸우는 친구들이 오히려 속 깊은 정이 더 들 수 있는 것과 마찬가지다. 세일즈매니저도 갈등을 겪으면서 세일즈맨을 진정으로 이해하고 세일즈맨이 원하는 것을 들어줄 수 있게 된다.

■ 갈등은 개인의 발전에 도움을 준다

갈등은 훌륭한 자기계발 수단이 될 수 있다. 갈등을 해결하기 위해 다양한 아이디어를 끄집어낸다거나 혹은 그 과정을 통해서 사물과 사건을 바라보는 깊은 시야도 기를 수 있다. 결국 이러한 것들이 하나가 되어 '갈등 해결 및 감정관리 능력'을 기르게 되고, 이는 세일즈매니저가 조직을 이끌어 가는데 큰 도움이 된다.

사람은 사회적 동물이기에 서로 다른 사람과 관계를 맺으면서 생활한다. 갈등은 이러한 관계와 일상생활의 일부여서 피할 수는 없다. 물론 갈등이 있다는 것을 전제로 갈등의 부정적인 측면을 최소화하고 갈등의 긍정적인 측면을 유지해가는 것이 비즈니스 현장에서 요구되고 있다. 이것이 바로 '갈등 관리'이고 '건설적인 갈등 해결'이다.

세일즈 조직에서 발생하는 갈등

세일즈매니저가 조직을 이끌면서 경험할 수 있는 갈등은 4가지로 분류할 수 있다.

① 사실 갈등

사실 갈등은 일상에서 흔히 겪는 갈등이다. 연예인과 관련된 루머나 주변 사람에 대한 소문 등이 이에 해당하는데 실제로 존재하는 사실을 배제한 채 자신이 옳다고 주장할 때 발생한다.

사실 갈등은 세일즈매니저가 조직을 운영하는 과정에서 자주 발생하는 갈등 중 하나이다. 세일즈매니저와 세일즈맨이 같은 사안에 대해 서로 다른 주장을 하는 경우다. 예를 들어 세일즈매니저가 신제품을 설명하면서 특정 기능에 대해 잘못된 설명을 하거나 생략할 수 있다. 나중에 이런 부분에 대해 세일즈맨과 충돌이 생기면 '설명했다'와 '설명하지 않았다'는 주장이 맞서면서 갈등으로 이어질 수 있다.

사람은 상대방의 말을 자신에게 유리한 방향으로 해석하는 경향이 있다. 세일즈매니저가 세일즈맨에게 말을 하면 세일즈맨들은 세일즈매니저의 의도와는 관계없이 자신들에게 유리하게 해석하고 이것이 사실인양 행동하게 된다. 이런 태도가 세일즈매니저와 혹은 고객과의 관계에서 갈등을 일으키는 원인이 된다.

사실 갈등의 원인 중 하나는 세일즈매니저의 게으름이다. 세일즈매니저가 세일즈맨들과 수시로 대화를 하게 되면 세일즈매니저는 세일즈맨들로부터 자신의 의도가 제대로 전달되고 있는지를 확인할 수 있다. 세일즈매니저가 초기에 자신의 의도가 왜곡되어 전달되고 있다는 사실을 알게 되면 수습할 기회도 많고 수습도 수월하다. 세일즈매니저가 자신의 의도가 세일즈맨들에게 정확하게 전달되는지 확인하지 않는 한 갈등의 싹은 자리 잡게 된다.

사실 갈등은 세일즈맨과 고객 사이에서도 발생한다. 흔히 경험하는 사실 갈등 중 하나는 계약서를 두고 세일즈맨과 고객이 서로 다른 주장을 하는 경우이다. 세일즈맨은 계약을 성립시키기 위해 가격 할인처럼 정식으로 계약서에 기재하기 어려운 내용은 말로 합의하는 경우가 있다. 그런데 계약을 하고 난 다음 계약과 관련해 고객과 세일즈맨이 서로 다른 주장을 하면 갈등으로 이어질 가능성이 크다. 따라서 세일즈매니저는 계약 과정에서 세일즈맨이 편법을 사용하지 못하도록 통제할 필요가 있다.

사실 갈등을 방지하기 위해 업무와 관련된 내용을 문서로 남길 필요가 있다. 세일즈매니저나 세일즈맨 모두 어느 정도 시간이 지나면 자신들이 한 말이나 행동을 온전히 기억하기 어렵다.

한 사람이 제대로 기억한다고 하더라도 다른 사람이 기억하지 못하면 갈등은 발생하게 된다. 사소한 문제가 발단이 되어 큰 싸움이 되는 이유도 상대방을 공격하면서 갈등이 격화되기 때문이다.

② 평가와 이익분배 갈등

대부분의 사람들은 자신에 대해 후한 평가를 한다. 얼마 전 설문에서 직장인들의 80% 정도가 '자신은 우수한 사람이라고 생각한다.'는 결과도 있었다. 스스로 우수하다고 생각하는 사람에 대한 평가는 사람마다 다를 수 있다. 이처럼 대부분의 경우 자신이 평가하는 자신의 능력이나 조직에 대한 기여도는 다른 사람의 평가 결과와 다르다. 평가와 관련해 발생하는 갈등은 자신의 기대와 다른 사람의 평가 결과와의 차이에서 발생한다.

세일즈 조직을 운영하는 과정에서도 이런 갈등이 생길 수 있다. 세일즈맨은 자신의 활동 결과에 대해 유무형의 보상을 받고 싶어 하지만 세일즈매니저로부터 받는 보상이 자신의 기대에 미치지 못하는 경우 발생할 가능성이 높다.

세일즈맨들 사이에서도 이익분배와 관련된 갈등이 발생할 수 있다. 여러 사람이 팀을 꾸려 세일즈를 하는 경우 서로의 역할과 이익에 대해 분배 비율을 정하게 되는데 이 과정에서 불만이 생길 수 있다. 자신의 역할이 다른 사람에 비해 상대적으로 많은데 이익은 같은 비율로 나눠야 한다고 생각하면 불만이 생길 수 있다.

평가와 관련해 세일즈맨이 불만을 갖는 주된 이유는 객관적인 평가보다는 다른 세일즈맨과 비교하는 상대적인 평가 때문이다. 평가나 이익분배 갈등을 예방하기 위해서는 평가나 이익 분배에 관한 기준을 명확히 정하고 모든 사람들에게 확인시킬 필요가 있다. 이런 갈등을 방지하기 위해 세일즈매니저는 세일즈맨의 평가와 관련해 객관적인 자료를 준비해 세일즈맨 스스로 자신을 평가할 수 있도록 해야 한다.

③ 분배 갈등

분배 갈등은 자원이 필요한 곳이라면 어디서든지 발생할 수 있다. 실적은 세일즈매니저나 세일즈맨 모두에게 중요해 실적 달성을 위해 노력한다. 이런 과정에서 자원의 분배가 갈등을 유발할 수 있다.

세일즈매니저는 세일즈맨의 활동을 촉진하기 위해 다양한 방법을 사용한다. 가장 흔한 방법이 실적에 따라 돈이나 물건으로 보상을 하는 경우이다. 세일즈매니저가 사전에 지급 기준을 공지한 다음 실적에 따라 보상하면 괜찮지만 그렇지 않은 경우 갈등이 생길 수 있다.

물질적인 보상뿐만 아니라 심리적인 보상도 갈등의 원인이 된다. 세일즈매니저도 개인적으로 호감을 느끼는 세일즈맨이 있다.

세일즈매니저가 자신이 선호하는 세일즈맨과 대화하는 횟수나 태도는 그렇지 못한 세일즈맨과 비교해 다르다. 세일즈매니저와 심리적 거리가 멀다고 느끼는 세일즈맨은 세일즈매니저의 이런 태도에 대해 공정하지 못하다고 생각한다. '내가 아무리 열심히 해도 관심도 주지 않네. 친한 사람끼리 열심히 해라.'라고 생각하면서 소극적으로 반항하는 세일즈맨도 있다.

분배 갈등은 필연적으로 제로섬 게임을 하게 만든다. 세일즈매니저가 자신이 선호하는 세일즈맨에게 더 많은 혜택을 주면 다른 세일즈맨에게 줄 수 있는 것이 줄어들게 된다.

세일즈매니저는 모든 세일즈맨의 리더이지 개인적으로 선호하는 사람만을 위한 리더가 아니다. 세일즈매니저는 '미운 사람에게 떡 하나 더 준다'는 속담처럼 자신과 소원한 사람부터 챙길 필요가 있다. 이런 노력은 평소 자신과 거리감을 느끼던 세일즈맨과도 친해질 수 있는 기회를 만들 수 있다.

세일즈매니저는 분배 갈등을 줄이기 위해 명확한 기준을 정하고 공정하게 자원을 배분해야 한다. 만약 실적이 부진해 특별히 도와주고 싶은 사람이 있다면 다른 사람들이 모르게 도울 수 있다. 아니면 다른 사람들이 "저 사람을 특별히 도와주셨으면 합니다."와 같이 세일즈매니저에게 도움을 요청하도록 만들면 된다.

이와 같은 예외적인 경우가 아니라면 모든 세일즈맨이 자신의 실적에 따라 어느 정도 보상을 받는지 알게 하고, 기준에 맞춰 정확하게 보상을 한다면 분배 갈등을 예방할 수 있다.

④ 관계 갈등

관계 갈등은 상대방과의 관계에서 발생하는 갈등으로 일상에서 가장 흔하게 경험하는 갈등이다. 상대방과 생각이나 가치, 경험 등이 다를 때 마찰이 생기면서 갈등으로 발전하게 된다. 관계 갈등은 세일즈매니저의 조직 운영에 가장 큰 영향을 미친다.

관계 갈등은 세일즈맨의 성과에 영향을 미치는 주요 원인이 되고 세일즈맨이 세일즈를 그만두게 만드는 이유가 되기도 해 세일즈매니저가 가장 많은 관심을 기울여야 하는 갈등이다.

관계 갈등은 상대방과의 관계가 결정한다. '바보야'라는 말을 친한 사람으로부터 들으면 농담이라고 생각해 웃을 수 있지만 친하지 않은 사람으로부터 들었다면 자신을 비난한다고 여겨 큰 싸움이 될 수도 있다. 그래서 관계 갈등을 방지하기 위해서는 평소 신뢰 관계를 형성할 필요가 있다.

관계 갈등을 만드는 원인 중 하나는 세일즈매니저의 착각이다. 세일즈매니저뿐만 아니라 대부분의 리더는 조직원들과 자신의 관계가 돈독하다고 믿는다. 리더들은 조직원들이 자신의 의도를 이해할 것이라 믿지만 조직원들은 리더의 숨은 의도까지 파악하기는 어렵다. 조직원들은 겉으로 보이는 리더의 모습이나 행동으로 리더의 의도를 판단하게 된다.

세일즈매니저를 가장 곤란하게 만드는 갈등은 세일즈맨들 사이에서 발생하는 갈등이다. 이런 갈등은 대부분 사소한 문제로부터 시작된다. 세일즈매니저가 세일즈맨들의 움직임을 주의 깊게 살피면 세일즈맨들 사이에서 발생하는 관계의 변화를 알아차릴 수 있다. 이런 알아차림이 빠를수록 수습도 빨라진다.

세일즈매니저가 관심을 두어야 하는 또 다른 갈등은 세일즈맨과 고객 사이에서 발생하는 갈등이다. 다양한 이유로 고객과 세일즈맨 사이에서 갈등이 발생할 수 있다. 세일즈맨이 고객과 관계가 틀어지면 세일즈를 그만두어야 할 정도로 치명적인 상처를 입을 수도 있다. 세일즈맨과 고객 사이에 문제가 발생하면 세일즈맨은 고객을 빈번하게 방문한다거나 평소와 다른 행동을 하는 등 세일즈맨의 행동 변화를 쉽게 알 수 있다. 세일즈매니저는 세일즈맨의 행동 변화에 관심을 기울여 초기에 문제를 해결할 수 있도록 도와야 한다.

■ 갈등은 전염된다

세일즈맨들과의 관계나 업무로 인한 갈등은 전염병처럼 확산된다. 세일즈맨과 세일즈 방법을 논의하면서 자신의 주장만 내세우게 되면 감정이 격화되면서 관계가 틀어지게 된다. 이것은 업무로 인한 갈등이 관계 갈등으로 발전한 경우이다. 암세포가 다른 장기로 전이되는 것처럼 갈등도 다른 영역으로 옮겨가기 쉽다.

① 업무에서 관계 갈등으로

조직에서 경험할 수 있는 가장 흔한 갈등 사례이다. 세일즈매니저가 세일즈맨에게 자신의 방법대로 하라고 지시를 하게 되면 세일즈맨은 불편해 진다. 세일즈맨은 세일즈매니저의 지시가 자신의 마음에 들지 않는다고 생각되면 소극적으로 행동하게 된다. 세일즈맨의 소극적인 모습을 보면서 세일즈매니저는 세일즈맨이 자신의 지시를 거부한다고 추측해 세일즈맨을 압박한다.

세일즈매니저로부터 강요를 받은 세일즈맨은 세일즈매니저를 불편하게 여겨 만남을 피하게 된다.

세일즈매니저가 자신의 의도를 세일즈맨에게 제대로 설명하지 못하면 세일즈맨은 세일즈매니저를 오해하게 되면서 두 사람의 관계가 멀어지게 된다. 세일즈매니저는 이런 일이 발생하지 않도록 평소 충분한 커뮤니케이션을 할 시간과 기회를 마련해야 한다.

② 관계에서 업무 갈등으로

관계가 불편한 사람과 같이 하는 업무는 높은 성과를 기대하기 어렵다. 세일즈매니저와 세일즈맨의 관계가 불편하면 세일즈맨은 세일즈매니저의 말을 들으려 하지 않게 된다.

관계 갈등은 조직의 분열과 성과 하락을 가져온다. 세일즈 조직에서 갈등이 발생하면 세일즈맨 사이에는 세일즈매니저를 지지하는 사람, 세일즈매니저를 비난하는 사람 그리고 중립적인 사람들로 편이 갈라진다. 자기편 세력을 강화하고 상대편 세력을 약화시키기 위해 상대편 사람을 회유하기도 하고 공격하기도 한다.

세일즈맨은 세일즈매니저와의 관계에 따라 업무를 대하는 태도가 달라진다. 세일즈매니저의 지시를 맹목적으로 따르기도 하고 무조건 반대하기도 한다. 이런 조직이 성과를 내기란 불가능에 가깝다.

4

갈등 해결을 위한 태도

갈등을 해결하기 위해 가장 먼저 해야 할 것은 상대방을 이겨야 한다는 생각을 버려야 한다. '상대방이 이기면 내가 진다'는 생각이 갈등 해결을 어렵게 만든다. 세일즈매니저의 이런 생각은 모두에게 도움이 되는 방법이 눈앞에 있어도 보지 못하게 만든다.

세일즈매니저는 갈등 해결을 위해 갈등 상대방에 대한 인식을 바꿀 필요가 있다. 세일즈매니저와 세일즈맨 사이에서 갈등이 발생하면 세일즈매니저는 세일즈맨을 공격해 물리쳐야 할 적으로 대한다. 세일즈매니저의 이런 태도는 갈등을 악화시킬 뿐 어떤 경우에도 긍정적인 결과를 만들지 못한다.

세일즈매니저와 함께 갈등을 해결해야 하는 사람은 '세일즈맨'이다. 세일즈매니저는 세일즈맨을 '나와 함께 갈등을 해결하는 파트너'로 인식할 필요가 있다. 세일즈매니저는 자신의 마음을 열고 세일즈맨을 받아들여야 한다. 세일즈매니저가 세일즈맨에게 마음을 열지 않으면 세일즈맨이 어떤 노력을 하더라도 소용이 없다.

세일즈매니저는 갈등을 해결하기 위해 '내 이익이 먼저'라는 생각을 버려야 한다. '세일즈맨이 원하는 것을 들어주면 내가 손해다'라는 부정적인 생각은 세일즈매니저와 세일즈맨 모두의 마음을 닫게 만들어 서로에게 도움이 되는 방법을 찾으려는 시도를 차단하게 된다. 부정적인 생각 대신 '모든 갈등에는 해결 방법이 있다'고 믿어야 한다. 세상에 존재하는 어떤 갈등도 해결이 가능하다. 다만 모두가 만족하는 방법으로 갈등을 해결하기 위해서는 많은 경험과 피나는 노력이 필요하다.

〈갈등 해결을 위한 태도〉

승-패 지향	승-승 지향
• 자신의 만족 우선 • 상대방을 믿지 못하는 커뮤니케이션 • 상대방의 부정적인 측면에 초점을 맞춤. • 무력을 사용하는 강제적인 방법을 사용함. • 인간관계의 파괴가 일어남.	• 서로 협력하는 관계를 구축함. • 신뢰를 바탕으로 한 커뮤니케이션을 추구 • 신뢰를 바탕으로 도움을 제공함. • 서로의 발전을 위해 노력함. • 갈등 해결을 위해 상대방의 능력을 인정하고 효과적으로 활용함.

■ 발상의 전환이 필요하다

세일즈매니저가 갈등을 해결하기 위한 방법을 찾는 경우 가장 먼저 자신의 경험을 떠올린다. 대부분의 사람들은 자신의 직간접 경험을 바탕으로 해결 방법을 탐색한다. 직간접 경험 중에 만족스러운 해결 방법이 있다면 다행이지만 그렇지 못한 경우 해결을 포기하게 된다.

세일즈매니저는 대부분의 해결 방법이 자신의 경험 밖에 있다고 생각해야 한다. 자신의 경험 안에서만 해결 방법을 찾게 되면 선택지의 수가 제한된다. 세일즈매니저는 이런 문제를 방지하기 위해 다양한 관점에서의 해결 방법을 찾을 필요가 있다.

새로운 해결 방법을 찾는 데 방해가 되는 또 다른 한 가지는 세일즈매니저의 '생각'이다. 세일즈매니저가 자신이 경험하지 않은 방법을 선택하려고 해도 '이 방법이 효과가 없으면 어떡하지?'라는 걱정을 스스로 하게 되면서 해결 방법을 찾기 위한 노력을 주저하게 만든다.

세일즈매니저가 가장 중요하게 생각해야 하는 것은 자신이 생각하는 '정답'이 아니라 세일즈맨이 원하는 해결 방법이다. 세일즈매니저는 자신의 생각에만 머물지 말고 세일즈맨과 대화를 시도한다면 의외로 쉽게 갈등을 해결할 수 있는 방법을 찾을 수 있다.

■ 세일즈맨에 대한 신뢰가 필요하다

세일즈매니저가 아무리 좋은 방법을 찾았더라도 세일즈맨에 대한 신뢰가 없으면 그 해결 방법을 사용하지 못한다. 세일즈매니저가 '내가 이렇게 제안을 하더라도 세일즈맨이 내 제안을 받아들이지 않을 거야.'라고 생각하면 세일즈맨에게 해결 방법을 제안하지 않게 된다. 세일즈맨에 대한 불신은 몇 가지 부작용을 낳게 된다.

▶ 세일즈맨 불신의 부작용

• 갈등 해결을 위한 충분한 정보가 서로에게 제공되지 못한다.

• 세일즈맨을 갈등 해결을 위한 파트너로 인정하지 않게 되면서 관계가 더욱 악화된다.

• 세일즈맨을 비난하게 된다.

• 세일즈매니저는 자신이 원하는 방향으로 세일즈맨을 움직이도록 만들기 위해 다양한 방법을 사용하게 된다.

이런 부작용은 서로에 대한 불신을 낳게 된다. 따라서 세일즈매니저는 세일즈맨에게 마음을 열도록 바라기 전에 자신부터 세일즈맨을 향해 마음을 연다면 서로에 대한 신뢰가 만들어져 갈등 해결도 빨라 질 수 있다.

■ 갈등 해결을 위해서는 대화가 필요하다

갈등을 해결하기 위해서는 대화가 필수적이다. 세일즈매니저가 아무리 좋은 해결 방법을 찾았더라도 세일즈맨과 대화하지 않으면 소용이 없다. 세일즈매니저는 다음과 같은 태도를 가지고 세일즈맨과 대화를 시도하면 원하는 결과를 얻을 가능성이 높다.

▶ 대화 태도

• 세일즈매니저는 세일즈맨을 갈등 해결을 위한 동반자라고 생

각한다.

- 세일즈매니저는 신뢰를 바탕으로 세일즈맨을 이해하기 위한 대화를 한다.
- 세일즈매니저는 세일즈맨과 가능한 많은 정보를 공유한다.
- 세일즈매니저는 갈등 해결을 위해 가능한 방법을 다양한 관점에서 바라본다.
- 세일즈매니저는 세일즈맨에게 도움이 되는 아이디어를 제공한다.
- 세일즈매니저는 자신이 가지고 있는 여러 자원(아이디어, 지식, 경험, 권한, 경제력, 권위 등)을 갈등 해결을 위해 어떻게 유용하게 사용할 수 있을까에 대해 고민한다.
- 세일즈매니저는 세일즈맨뿐만 아니라 자신도 배려하는 방법을 선택한다.

이런 태도는 갈등 상황을 해결하는데 도움이 될 뿐 아니라 세일즈 성과 향상에도 효과가 있다. 세일즈매니저가 기존에 사용하던 전략이 아니라 새로운 전략을 수립하고 세일즈맨과 신뢰를 형성하면서 대화를 한다면 갈등을 수월하게 해결할 수 있다.

만약 세일즈매니저의 머릿속에 문제 해결에 대한 확신이 있어도 방법을 찾기가 쉽지 않다면 세일즈맨과 함께 찾을 필요가 있다.

그 과정에서 새로운 발상이 떠오르면서 또 다른 방법을 찾을 수 있기 때문이다. 갈등을 해결하는 과정을 설명하면 다음과 같다.

① 세일즈맨을 갈등 해결 파트너로 인정하라

세일즈매니저는 세일즈맨이 말을 하면 세일즈맨의 말을 액면 그대로 받아들이기보다는 자기 나름대로 해석을 하게 된다. 이런 해석에 영향을 미치는 요인이 세일즈맨과의 관계이다. 세일즈매니저가 세일즈맨을 신뢰하는 만큼 세일즈맨에 대한 이해가 달라진다.

세일즈매니저가 편견을 가지고 세일즈맨을 판단하게 되면 세일즈맨의 의도를 제대로 파악하지 못한다. 세일즈매니저는 세일즈맨의 의도가 왜곡되는 것을 방지하기 위해 세일즈맨의 말이나 행동을 그대로 받아들일 필요가 있다. 세일즈맨의 말을 온전하게 받아들이게 되면 세일즈맨도 안심할 수 있게 된다. 세일즈매니저가 세일즈맨을 존중하는 것이 세일즈맨이 자신을 존중하게 만드는 방법이 된다. 세일즈매니저와 세일즈맨 사이에 발생하는 갈등은 서로를 존중하지 않는 태도에서 발생되는 경우가 많다.

세일즈매니저가 세일즈맨을 대화 파트너로 인정하는 것은 세일즈맨과의 관계에서 신뢰를 쌓는 지름길이 된다. 따라서 세일즈매니저는 세일즈맨이 화를 내면 '화가 났구나'라고 받아들이고, 불편하다고 말하면 '불편한 일이 있었구나'라고 인정하는 것에서부터 대화를 시작해야 한다. 이런 대화를 위해서는 의식적 반응이 필요하다.

② 사람과 문제를 분리시킨다

의식적 반응과 반사적 반응의 가장 큰 차이는 대화의 초점이다. 반사적 반응은 '사람'의 인격에 초점을 맞추는 방법이다.

세일즈매니저가 세일즈맨에게 "저런 사람이 세일즈를 잘 할 리가 없어."라고 했다면 세일즈매니저는 세일즈맨의 행동이나 실적이 아니라 사람 그 자체를 비난한 것이 된다. 이런 식의 접근은 갈등 해결이나 실적 향상에 아무런 도움이 되지 못한다.

갈등 해결에서 필요한 것은 의식적 반응이다. 갈등의 원인 중 하나는 상대방의 행동에 대한 '추측'이다. 상대방의 행동에 대해 추측을 하게 되면 자신의 의도대로 움직이지 않은 상대방의 행동으로 인해 좌절을 경험하게 된다. 세일즈매니저가 자신의 뜻대로 움직이지 않는 세일즈맨을 보면서 '저 사람이 내 지시를 무시하네'라는 생각을 하게 된다. 이런 생각이 들면 세일즈매니저는 세일즈맨에게 자신의 의도대로 움직이라는 무언의 압력을 가하게 된다. 세일즈매니저의 이런 행동은 세일즈맨의 반발을 불러올 뿐이다. 세일즈매니저는 자신의 지시와 일치하지 않은 행동을 하는 세일즈맨을 보면 '저 사람에게 무슨 일이 있나?'와 같은 세일즈맨의 행동에 호기심을 나타내는 질문을 할 필요가 있다.

세일즈매니저는 세일즈맨의 문제를 함께 해결하는 사람이다.

세일즈매니저가 자신의 역할과 능력을 발휘할 수 있는 기회는 세일즈맨이 힘들어할 때이다. 실적이 부진한 세일즈맨을 보면서 '저런 실적으로도 사무실에서 부끄러워할 줄 몰라'라고 생각하기보다는 '나의 도움이 필요한 사람이 있네'라고 생각하면서 세일즈맨에게 접근해 "어떤 것이 해결되면 원하는 실적을 만들 수 있겠습니까?"와 같은 질문으로 세일즈맨의 문제 해결에 도움을 줄 수 있다.

세일즈매니저는 세일즈맨을 보면서 세일즈맨의 행동에는 이유가 있다고 생각해야 한다. 세일즈맨의 행동이 '옳다' 혹은 '그르다'의 개념이 아니라 세일즈매니저가 모르는 세일즈맨만의 어떤 상황이 있다고 가정하는 것이다. 세일즈매니저가 세일즈맨의 전반적인 상황을 알게 되면 세일즈맨의 행동을 납득하게 된다.

세일즈매니저의 이런 태도가 세일즈맨을 대하고 문제를 함께 해결할 수 있는 기반이 된다.

③ 상대방의 감정을 읽어준다

과거 화가 났던 사건을 기억해보자. 화를 더 심하게 만든 것은 무엇이고, 어떤 상황에서 화가 가라앉았는가? 아마도 대부분의 사람들은 상대방이 자신의 마음을 알아줄 때 마음이 차분해진다.

사람은 상대방이 자신의 마음을 몰라줄 때 화를 낸다. 자신의 답답한 마음을 상대방에게 표현하는 과정에서 목소리가 커지거나 동작이 거칠어지는 등 과격한 반응을 하게 된다. 상대방이 화를 내면 본능적으로 두려움을 느끼면서 피하게 되는데 이런 행동은 상대방을 진정시키는데 도움이 되지 않는다. 상대방이 화를 내면 피하지 말고 적극적으로 다가가 마음을 읽어주는 것이 매우 중요하다. 즉 상대방의 감정에 대한 공감이 필요하다.

공감을 하거나 공감을 받는다는 의미는 상대방이 자신을 인정하고 이해하는 마음을 느끼게 만드는 것이다. 갈등 상황이 되면 대부분의 사람들은 상황이 악화될 것을 두려워해 갈등 상대방과 만나 대화하기를 꺼린다. 세일즈매니저와 세일즈맨의 관계가 수직적이라면 세일즈맨이 먼저 세일즈매니저에게 대화를 시도하기 어려울 수도 있다. 세일즈맨이 세일즈매니저와의 대화에서 부정적인 경험을 했다면 세일즈매니저와의 대화는 도움이 되지 않는다고 판단해 대화 시도를 포기하는 경우도 있다.

화가 난 사람들은 보통 아래와 같은 감정을 느끼게 된다.

공감을 위해서는 상대방의 상태를 이해하고 아래의 단어 중 하나를 골라 "화가 많이 나셨어요?" 혹은 "이런 결과에 대해 억울하세요?"와 같이 상대방에게 질문하면 된다.

■ 화가 난 사람의 감정 상태

화나는, 끓어오르는, 속상한, 약 오르는, 분한, 울화가 치미는, 분개한, 억울한, 열 받는, 답답한, 섭섭한, 불안한, 절망스러운, 외로운, 허탈한, 초조한, 걱정되는 공감은 간단하게 말해도 된다. 공감은 '저 사람이 내 마음을 알아주는 구나'라는 인식을 심어주면 충분하다. 자신의 마음을 알아주기 위해 노력한다는 인식만 심어주면 상대방은 조금씩 마음이 안정되기 시작한다.

하트매스(HeartMath) 사는 생체반응 자료를 이용해서 사람들이 존중받는다고 느끼면서 말할 때 신체 리듬은 일관성이 있고, 최상의 상태로 기능할 수 있게 하는 감정적, 신체적, 지적 리듬의 동조화를 경험한다는 사실을 알았다. 이런 심리 상태에서 사람들은 긴장이 이완되고, 머리가 맑아지고, 수용적이 된다.

공감은 사람들을 이런 상태로 만들어주는 역할을 한다.

구체적인 행동이 아니라 그 사람을 공격하는 반사적 반응에 의해 느낄 수 있는 분노와 억울함은 행동의 개선효과보다는 상대방의 감정을 격화시키는 부정적인 결과를 가져온다. 대화를 효과적으로 끌어가기 위해서는 사람들이 자신의 행동을 바꾸기 전에 자신이 상대방에게 존중받고 인정받는다는 느낌을 갖게 만든다는 사실을 기억해야 한다.

④ 상대방이 원하는 것을 파악하라

갈등 해결이 어려운 이유 중의 하나는 '갈등의 원인'과 '원하는 해결 방법'에 대해 모르거나 명확하게 말하지 않기 때문이다.

특히 상대방과의 신뢰 정도에 따라 대화의 질이 달라진다.

상대방을 신뢰하면 '하고 싶은 말을 할 수 있겠구나'라고 안심하면서 자신의 마음속에 있는 말을 다 하겠지만 그렇지 못한 경우에는 가려서 하게 된다. 이런 경우 마음속에는 갈등의 불씨가 남아있어 완전한 해결은 어렵게 된다.

상대방의 마음이 차분해졌다고 생각되면 갈등의 원인을 파악할 필요가 있다. 사람이 어떤 행동을 할 때는 분명한 이유가 있다. 갈등을 해결하기 위해서는 상대방의 행동을 이해할 필요가 있다. 대부분의 사람들은 상대방으로부터 부정적으로 받아들여지기를 원하지 않기 때문에 자신이 한 행동의 이유를 상대방에게 충분하게 설명하고 싶어 한다.

갈등을 제대로 해결하기 위해서는 상대방으로부터 많은 정보를 얻어야 한다. 상대방으로부터 정보를 얻을 수 있는 손쉬운 방법이 '질문'이다. 상대방에게 "그렇게 행동한 이유를 제가 알 수 있을까요?"라고 질문하면 상대방은 자신의 행동을 설명하게 된다. 이때 주의해야 할 것은 상대방의 말을 절대로 중간에서 자르면 안 된다. 상대방이 말하는 도중에 끼어들면 '저 사람이 내 말을 제대로 들어줄 리가 없어'라고 생각해 다시 방어적이 되면서 대화는 중단되고 불신은 더 깊어지게 된다.

상대방을 이해하기 위한 질문은 중립적이고 정중하게 해야 한다. 회의 시간에 자꾸 시계를 쳐다보는 세일즈맨에게 "회의 태도가 그게 뭡니까?"라고 말하기보다 "자주 시계를 보는 이유를 알 수 있을까요?"라고 하는 질문이 더 효과적이다. 정중한 질문은 상대방 마음 깊숙한 곳에 들어있는 정보를 얻을 수 있는 열쇠가 된다.

⑤ 대안을 제시하라

상대방이 원하는 것을 파악했다면 해결 방법을 찾으면 된다. 여기서 중요한 것은 항상 자신과 상대방 모두가 만족하는 방법을 찾아야 한다. 예를 들어 가족이 외식을 한다고 가정하자. 첫째는 우동을, 둘째는 불고기를 먹고 싶다고 말할 때 어떻게 해결할 수 있을까? 외식을 취소할 수도 있고, 우동 혹은 불고기 둘 중에 하나를 고를 수도 있다. 만약 불고기를 먹는다면 우동을 먹고 싶어하는 아이를 만족시키기 어려워진다. 그 반대의 경우도 마찬가지이다. 가족이 외식을 하는 목적은 즐거운 시간을 보내면서 서로의 애정을 확인하고 소통하는 것인데, 어느 한쪽만을 만족시키는 방법은 다른 한쪽의 불만을 초래할 수 있다.

이런 문제를 해결하기 위해서는 양쪽 모두가 만족하는 방법을 선택해야 한다. 가장 손쉬운 방법은 우동과 불고기를 모두 먹을 수 있는 음식점을 선택하거나, 불고기를 먹을 수 있는 식당에서 우동을 배달시켜 먹는 것이다.

또 다른 방법은 아이들이 음식을 선택한 목적을 파악하면 된다. 첫째는 우동이 먹고 싶은 이유가 "날씨가 추워 따뜻한 국물을 먹고 싶어서……."라는 말을 할 수 있다. 둘째는 "어제 드라마에서 본 음식이 너무 맛있어 보여서……."라는 대답을 했다. 이럴 경우 갈비탕, 곰탕 아니면 육수가 많은 불고기처럼 '따뜻한 국물이 있는 맛있는 음식'이 모두를 만족할 수 있는 음식이 될 수 있다.

세일즈매니저는 세일즈맨의 의도를 제대로 파악만 하면 쉽게 문제가 해결될 수 있다. 세일즈매니저가 갈등 해결을 어렵게 느끼는 이유는 세일즈맨의 의도를 제대로 파악하지 못했기 때문이다. 갈등을 해결하기 위해서는 세일즈맨의 마음속 깊이 들어있는 생각에 초점을 맞추어야 한다.

이 세상에 똑같은 사람은 아무도 없다. 자신과 다른 사람을 수용하기 위해서 가장 먼저 해야 할 일은 상대방이 말하거나 행동하는 목적을 살펴야 한다. 상대방의 행동에 대해 호기심을 갖고 의도를 파악하게 되면 상대방을 이해하기가 훨씬 쉬워진다.

그 다음에는 상대방과 자신과의 차이가 아니라 상대방과의 공통점을 먼저 찾아야 한다. 이런 공통점을 바탕으로 상대방과 자신 모두의 바람을 충족시킬 수 있는 방법을 자유롭게 탐색하면 된다. 이런 방법이 처음에는 매우 어색하지만 인내력과 자신감을 가지고 꾸준히 연습하다 보면 어느 순간 마음이 편해지면서 서로가 원하는 해결책을 찾는 기쁨을 느낄 수 있게 된다.

5

갈등 해소를 위한 대화법

실제로 세일즈 조직에서 세일즈맨과의 갈등을 해소하기 위한 대화 방법을 소개한다.

① 관계를 확인하라

세일즈매니저가 세일즈맨과의 갈등을 해소하기 위해 가장 먼저 해야 할 것은 관계 회복이다. 신뢰 관계가 없는 상태에서 시도하는 갈등 해결은 오히려 갈등의 골을 더 깊게 만드는 원인이 된다. 세일즈매니저는 성급하게 갈등 해결을 시도하기보다는 시간이 걸리더라도 세일즈맨의 마음을 여는 작업을 통해 관계를 회복하려고 노력할 필요가 있다. 세일즈매니저는 세일즈맨에게 자신은 세일즈맨과의 관계를 중요하게 생각하고 계속해서 관계를 지켜나가고 싶다고 진심을 담아서 분명하게 말해야 한다.

세일즈맨과의 관계 회복을 진심이 아니라 마지못해 하는 시도는 역효과를 가져올 수 있다. 세일즈맨에게 '나는 관계를 회복하고 싶지 않다.'는 메시지를 제공하면서 또 다른 갈등을 만들게 된다.

상대방의 마음을 읽어주는 공감도 관계 회복에 도움이 된다. 공감을 통해 세일즈맨의 감정을 읽어주면 세일즈맨의 감정은 서서히 가라앉게 된다. 이때부터 세일즈맨과 갈등 해결을 위한 출발점에 설 수 있게 된다.

■ 대화 예시

• 저는 A씨가 이번 일로 얼마나 힘들어하는지 알고 있습니다. 그래서 저는 대화를 통해 문제를 해결하고 싶습니다. 왜냐하면 이런 상황은 서로에게 도움이 되지 않기 때문입니다.
• 저는 대화를 통해 우리가 서로에게 도움이 된다는 것을 확인하고 싶습니다.

---

② 추측이 아니라 객관적인 사실을 말한다

갈등을 악화시키는 원인 중 하나는 추측이다. 갈등 상대방의 행동을 직접 눈으로 보고 귀로 들은 내용이 아니라 제3자로부터 전달받은 내용을 바탕으로 세일즈맨을 판단하게 되면 갈등은 악화될 수 있다. 세일즈매니저가 직접 확인하지 않은 내용을 다른 세일즈맨에게 전달하는 것 또한 조직의 리더로서 바람직하지 않은 행동이다.

세일즈매니저는 세일즈맨과 대화할 때 확인된 내용을 바탕으로 대화할 필요가 있다. 여기서 '객관적 사실'의 의미는 모든 사람이 동일하게 이해할 수 있는 행동이다. 상대방의 의도나 속마음은 객관적으로 확인할 수 없다. '저 사람은 저런 의도를 가지고 행동했을 것 같다.'는 판단이지 객관적 사실이 아니다.

■ 대화 예시

• 난 A씨가 나에 대해 B씨에게 말하는 것을 들었습니다.
• 어제 회의실에서 A씨가 B씨와 다투는 모습을 보았습니다.

---

③ 상대방에게 도움을 요청하라

갈등 해결에 가장 큰 도움이 되는 사람은 갈등 상대방이다.

갈등 해결을 위해서는 갈등 상대방에게 갈등을 해결하고 싶다고 명확하게 말하고 필요한 도움을 요청해야 한다. 세일즈매니저가 아무리 노력하더라도 갈등 상대방인 세일즈맨의 도움 없이는 갈등을 제대로 해결할 수 없다.

도움을 요청할 때는 태도가 중요하다. 특히 갈등 상황에서는 상대방이 말하는 내용보다는 말에서 전해지는 감정에 더 민감하게 반응한다. 세일즈매저와 세일즈맨의 관계처럼 위계가 있는 경우 세일즈맨은 심리적으로 위축된 채 세일즈매니저와 대화하게 된다. 세일즈매니저가 약간이라도 강압적인 태도를 보일 경우 세일즈맨은 세일즈매니저가 예상하지 못한 반응을 할 수도 있다.

세일즈맨에게 갈등 해결을 위해 도움을 요청할 때는 명확하게 해야 한다. 그저 막연하게 "갈등해결을 원한다."고 말하면 세일즈맨은 세일즈매니저의 진짜 의도를 파악할 수도 없고 자신이 무엇을 해야 할지도 모른다. 세일즈맨은 자신이 해야 할 일을 명확하게 알지 못하면 '자기 나름대로의 도움'을 세일즈매니저에게 주고 '나는 도움을 주었으니 나머지는 세일즈매니저의 몫이다.'라고 생각할 수 있다. 이런 태도는 갈등 해결에 도움이 되지 않는다.

세일즈매니저가 세일즈맨에게 도움을 요청하기 위해서는 세일즈매니저가 원하는 것을 정확하게 말해야 한다.

■ 대화 예시

• A씨, 제가 어제 B씨와 회의실에서 있었던 일에 대해 듣고 싶은데 말해줄 수 있습니까?
• C씨, 이번 달 시책과 관련해 대화를 나누고 싶은데 가능한 시간이 언제인가요?

---

④ 자신이 원하는 것을 말하라

자신의 마음을 알리지 않으면 상대방은 알지 못한다. 상대방의 행동에 대해 '말하기 귀찮다' 혹은 '말해도 소용없을 거야'라는 이유로 상대방에게 말하지 않으면 상대방은 '이런 행동을 해도 문제가 없구나'라고 생각하게 된다. 상대방을 향한 침묵이나 회피가 갈등을 악화시키는 원인이 된다.

서로가 원하는 해결방법을 찾기 위해서는 솔직한 대화가 필요하다. '내가 얼마나 힘들었는지 세일즈매니저는 알고 있을 거야.'라고 생각하는 세일즈맨은 큰 착각을 하고 있다. 세일즈매니저는 세일즈맨의 상태를 정확하게 알지 못한다. 만약 세일즈매니저의 말이나 행동으로 인해 상처를 받았다면 그 자리에서 정확하게 말해야 한다. "그런 행동을 보는 저는 마음이 불편합니다." 혹은 "그런 말을 들으면 화가 납니다."라는 말을 분명하게 말해야 상대방은 같은 행동을 반복하지 않을 가능성이 높다.

갈등을 해결하거나 예방하기 위해서는 자신이 원하는 것을 분명하게 말해야 한다. 정확하게 말하지 않으면 상대방은 자기에게 유리한 방향으로 해석하게 된다. 또한 자신이 원하는 행동을 상대방에게 정확하게 말해야 상대방이 자신이 원하는 행동을 할 가능성이 높다.

> ■ 대화 예시
> • 나는 A씨가 B씨와 대화를 통해 관계 회복을 바랍니다.
> • 기준에 벗어난 계약이 다시는 발생하지 않도록 계약 기준을 명확하게 숙지하기 바랍니다.

⑤ 무엇을 할 것인지 구체적으로 알려라

세일즈매니저는 갈등 해결을 위해 자신이 할 수 있는 것을 세일즈맨에게 알린다. 세일즈매니저의 대안을 들은 세일즈맨은 자신의 행동에 대해서도 말을 하게 된다. 이렇게 대화가 시작되면 문제 해결을 위한 첫걸음이 시작된 것이다.

'급하게 먹은 밥이 체한다'는 속담이 있다. 갈등 당사자가 대화를 시작했다고 갈등이 해결되는 것은 아니다. 고객에게 제품 설명을 했다고 계약이 성립되지 않은 것과 마찬가지이다. 제품을 설명하고 성급하게 계약서를 꺼냈다 계약이 완전히 틀어지는 경우도 있는 것처럼 갈등도 마찬가지이다. 갈등 당사자가 대화를 시작했다면 대화의 끈이 끊어지지 않도록 조심스럽게 다루어야 한다.

■ 대화 예시

• 모든 사람이 쉽게 이해할 수 있도록 보상 기준을 명확하게 하겠습니다.
• 저는 B씨를 만나 화가 난 이유를 알아보도록 하겠습니다.

6

갈등 상대방을 비난하지 않는다

갈등 상대방에 대한 비난은 갈등을 악화시키는 주요 원인이다. 갈등 해결을 위해 대화를 시도했다고 하여 두 사람의 관계가 완전히 회복된 것은 아니다. 오히려 가슴 깊숙이 숨겨 있던 상대방에 대한 감정이 조금씩 밖으로 나오고 있는 상황이라 약간의 자극에도 민감하게 반응할 수 있다. 이런 상태에서 상대방으로부터 비난과 같은 공격적인 말을 듣게 되면 감정이 격화된다.

비난은 어떤 경우에도 도움이 되지 않는다. 상대방에 대한 비난은 서로에게 반사적 반응과 같은 스트레스 반응을 만들게 된다. 또한 비난은 상대방의 저항을 불러일으켜 불필요한 갈등을 만들기도 한다. 상대방에게 비난 대신 의식적 반응을 하면서 문제 해결에 집중한다면 많은 것을 얻을 수 있다.

① 감정의 백치상태를 피할 수 있다

반사적 반응은 문제 해결 능력을 떨어뜨린다. 세일즈매니저가 세일즈맨을 비난한다고 성과가 향상되는 것은 아니다.

오히려 세일즈맨의 능력 발휘 기회를 없애게 된다.

② 질병을 줄일 수 있다

비난은 스트레스를 만들게 된다. '스트레스는 만병의 원인'이라는 말처럼 다양한 질병의 원인이 된다. 스트레스는 특히 심장 관련 질환의 원인으로 '돌연사'와 같은 치명적인 결과를 가져오기도 한다.

비난을 하지 않으면 감정 상태는 안정된다. 안정된 감정 상태는 심장 관련 질환과 코르티솔(cortisol)이라는 호르몬의 과잉 생산의 위험으로부터 자신을 보호할 수 있다. 코르티솔은 감정의 진정을 가로막고, 노화를 촉진하고, 심장과 연결된 세포를 손상시키는 것과 관련된 호르몬이다.

③ 긍정적 상호성을 만들 수 있다

'남에게 대접을 받고자 하는 대로 너희도 남을 대접하라'는 황금률(Golden Rule)이 있다. 이것은 세상을 살아가면서 대인 관계에서 가장 염두에 두어야 할 말이다.

사람은 다양한 상호작용을 통해 다른 사람과 관계를 맺으며 살아간다. 이런 관계 속에서 긍정적 혹은 부정적 영향을 주고받는다. 상대방을 향한 비난을 중단하면 상대방 또한 나를 향한 비난을 중단하게 된다.

비난을 중단할 때 가장 큰 영향을 받는 사람은 자신이다.

자신의 말이나 행동에 가장 큰 영향을 받는 사람은 바로 자신이기 때문이다. 다른 사람과 긍정적인 관계를 맺을 때 자신 역시 이득을 얻을 수 있다.

④ 세일즈맨과 함께 할 수 있다

비난은 세일즈맨과의 관계를 단절하게 만든다. 세일즈매니저가 아무리 좋은 의도를 가졌더라도 비난은 세일즈맨의 마음에 상처를 남기게 된다. 비난의 말을 좋아하는 사람은 아무도 없다. 모든 사람은 비난 대신 지지나 격려의 말을 듣고 싶어 한다.

지지와 격려의 말은 세일즈맨의 마음을 열게 만들고, 세일즈매니저와 세일즈맨이 함께 목표를 공유하고 세일즈에 도움을 줄 수 있는 파트너가 될 수 있도록 돕는다.

⑤ 세일즈맨의 신뢰를 얻을 수 있다

비난은 사람을 해치는 화살과 같다. 모든 사람은 화살의 표적이 되지 않으려고 한다. 자신을 향해 화살을 겨누고 있는 사람과 관계를 맺고 싶어 하는 사람은 아무도 없다.

세일즈매니저가 비난을 하지 않는다는 의미는 세일즈맨을 향한 화살을 버리는 것과 같다. 화살은 세일즈맨에게 상처를 주는 무기이기도 하지만 세일즈매니저 자신을 방어하는 수단이기도

하다. 자신을 지키는 수단인 화살을 버리기 위해서는 용기가 필요하다. 화살을 버리는 결단을 내릴 때 주변 사람들은 '저 사람은 나를 해치지 않는다.'는 확신을 가지게 되면서 마음의 문을 열게 된다.

TIP : 갈등 극복을 위한 시사점

① 갈등 상황에서는 감정적으로 흥분되며 긴장된다. 갈등 상황이 되면 본능적으로 갈등 상대방을 '적'으로 대하기 때문이다. 이것은 마치 전쟁터에서 적을 앞에 두고 있는 군인의 상황과 같다.

② 세일즈맨의 긴장감 유지나 조직의 변화를 위해 의도적으로 갈등을 조장할 경우가 있는데, 이럴 때 세일즈매니저 자신의 에너지 또한 상당히 소모된다는 사실을 알아야 한다. 조직이 성공적으로 변화하기 위해서는 모든 세일즈맨들이 세일즈매니저가 바라는 방향으로 움직여야 하지만 현실은 그렇지 못하다. 세일즈매니저와 변화를 거부하는 세일즈맨 사이에는 갈등 상황이 만들어 지면서 세일즈매니저와 세일즈맨은 감정적으로 흥분되고 긴장하게 된다. 이런 과정에서 세일즈매니저와 세일즈맨 모두 감정의 소모를 경험하게 된다.

③ 성공적인 갈등 극복을 위한 중요한 전제는 갈등으로 인해 만들어진 부담을 감당할 수 있는 능력이다. 고도의 인내력을 유지하게 되면 일상적인 저항을 문제 없이 흡수할 뿐만 아니라 보다 큰 갈등에 대해서도 대안을 마련할 수 있도록 하고 갈등에 보다 능동적으로 대처할 수 있는 여유를 갖게 만든다.

④ 갈등에 대한 감정적인 경험은 당장은 당사자들에게 부담을 주지만, 이 갈등을 감당하고 버틸 수 있게 된다면 중장기적으로는 이에 대한 감사함을 느끼게 된다. 갈등의 긍정적인 기능은 상당히 중요하기 때문에 갈등의 긍정적인 역할을 항상 머릿속에 떠올릴 필요가 있다.